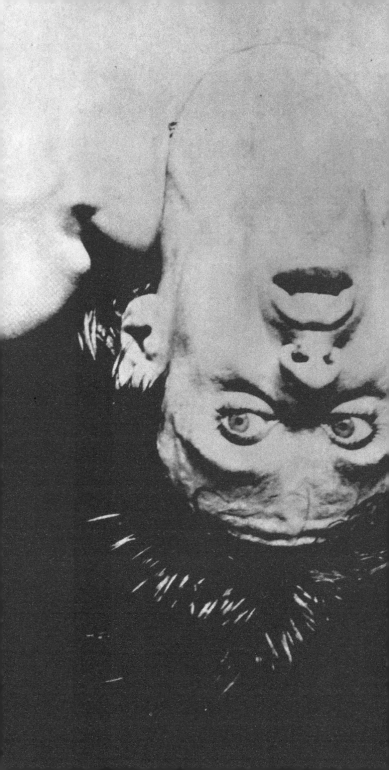

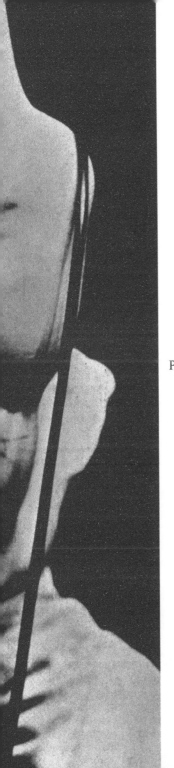

Performance como Linguagem

Coleção Debates
Dirigida por J. Guinsburg

Equipe de Realização – Revisão: Plínio Martins Filho; Produção: Ricardo W. Neves e Sergio Kon.

renato cohen
PERFORMANCE COMO LINGUAGEM

CRIAÇÃO DE UM TEMPO-ESPAÇO
DE EXPERIMENTAÇÃO

 PERSPECTIVA

CIP-Brasil. Catalogação-na-Fonte
Sindicato Nacional dos Editores de Livros, RJ

Cohen, Renato
Performance como linguagem / Renato Cohen. – São Paulo:
Perspectiva, 2013.
184 p. ; 20,5 cm. (Debates ; dirigida por J. Guinsburg)

1. reimpr. da 3. ed. de 2011
Bibliografia.
ISBN 978-85-273-0009-4

1. Arte da performance 2. Arte dramática 3. Teatro I. Guinsburg, J. II. Título. III. Série.

04-6921

CDD: 792

Índices para catálogo sistemático:
1. Arte dramática : Teatro   792
2. Performance : Teatro   792

1ª reimp. da 3ª ed.
[PPD]

Direitos reservados à

EDITORA PERSPECTIVA LTDA.

Av. Brigadeiro Luís Antônio, 3025
01401-000 São Paulo SP Brasil
Telefax: (11) 3885-8388
www.editoraperspectiva.com.br

2019

*a Joseph Beuys
artista radical
e humanista.*

SUMÁRIO

UMA BOA PERFORMANCE – Renato Cohen 13

PREFÁCIO – Artur Matuck 15

DO PERCURSO 19

INTRODUÇÃO 23

    Dos Objetivos 25

    Dos Conceitos 28

    Do Processo de Pesquisa 30

1. DAS RAÍZES: *LIVE ART* – PONTE ENTRE
VIDA E ARTE 35

    Ontologia da *Performance*: Aproximação entre
Vida e Arte 37

    Das Raízes: Uma Arte de Ruptura 40

    Movimentos Congêneres: Da Contracultura
à Não Arte 45

2. DA LINGUAGEM: *PERFORMANCE-COLLAGE*
COMO ESTRUTURA 47

    Da Legião Estrangeira das Artes: Criação de um Anti-
Gesamtkunstwerk.... 49

Da Criação: Livre-Associação e *Collage*
como Estrutura...... 60
Da Utilização dos Elementos Cênicos:
O Discurso da *Mise en Scène* 65
Estudo de Casos: Do Ritual ao Conceitual como
Expressões de *Performance*. 76
Da Ideologia da *Performance*:
Uma Reversão da Mídia 87

3. DA ATUAÇÃO: O *PERFORMER*, RITUALIZADOR
DO INSTANTE-PRESENTE 91
A Dialética da Ambivalência 93
Ruptura com a Representação:
Valorização do Sentido de Atuação 96
Verticalização do Processo de Criação:
O Ator-Encenador 98
Do Momento de Concepção:
Criação de uma Cena Formalista 102
Do Momento de Atuação:
Ritualização do Instante-Presente 109

4. DAS INTERFACES: *PERFORMANCE*-CRIAÇÃO
DE UM *TOPOS* DE EXPERIMENTAÇÃO 113
A Ideia de um *Topos* Cênico 115
Da Relação Binária: Emissão e Recepção 121
O Modelo Estético: Da Representação à Fruição 123
O Modelo Mítico: Da Vivência à Intelecção 128
Free Theatre – Happening e *Performance*:
Ruptura da Convenção Teatral 132
Da Passagem do *Happening* para a *Performance*:
Aumento de Esteticidade 134
Das Relações de Gêneros: Proposta de um
Modelo Topológico 139

5. DO *ENVIRONMENT*: ANOS 80 – PASSAGEM DE
EROS PARA THANATOS 141
Niilismo e Esquizofrenia: Um Retrato de Época 143
Do *New Wave* ao Pós-Moderno: Estética
da Releitura 147
O Darkismo *Punk*: Culto a Thanatologia 152

6. DOS LIMITES: *PERFORMANCE* COMO *TOPOS*
   ARTÍSTICO DIVERGENTE 155
   Live Art e *Performance* como *Topos* Artístico
   Divergente 157
   Da Experiência Brasileira: Limites 161
   Do Futuro: Mídias Dinâmicas como Suporte de uma
   Arte de Resgate 163

BIBLIOGRAFIA 165
   Livros 165
   Artigos 167

APÊNDICE 169
   Material Fonte 171
   Fontes Textuais 172
   Artigos/Textos/Poesias 173
   Roteiro de Peças/ *Performances* Assistidas 174

ILUSTRAÇÕES
   Yggy Pop .... 2 e 3
   Collage – Renato Cohen 18
   Deafman Glance (Robert Wilson) 24
   Performance (Yves Klein, Piero Manzoni) 36
   Performance, Disappearances 48
   Body Art – Gilbert and George 92
   Cenas –Antonin Artaud 114
   Punks –1916 142
   Performance – Projeto Magritte – Renato Cohen 156
   Ciclo *Performances* – FUNARTE – 1984 170

UMA BOA PERFORMANCE

Performance como Linguagem volta às mãos do leitor, em reedição. Em relação ao seu aparecimento inicial, o momento é outro, já de plena absorção dessas manifestações expressivas, disruptoras, nos mais diversos segmentos que vão da arte dramática – com pleno diálogo no teatro contemporâneo – às artes plásticas e literárias, da moda ao cotidiano, da televisão à política.

A questão da *performance* torna-se central na sua manifestação contemporânea e o próprio campo de estudos amplia-se desde as manifestações da *arte-performance*, cuja genealogia e modo de produção são abordados neste livro, desde as questões da ritualização, da oralidade, da tecnologia, até as de todo o contexto cultural envolvido na ação performática e performativa, estudos esses que têm sido desenvolvidos pela Performance Studies – associação filiada aos estudos pioneiros de Richard Schechner da New York University.

Por outro lado, os modos inventivos e as ações ideológicas da *arte-performance* perpetrados por Joseph Beuys, pelos situacionistas em maio de 1968 e pela ação antiartística do

13

Fluxus ou contracultural de inúmeros atuantes são, hoje, contra absorvidos ou antropofagizados pelos curiosos mecanismos da mídia e da indústria cultural, que diluem assim sua virulência antissistema – dos ridículos *reality-shows* aos contorcionismos dos apresentadores "performáticos" da MTV, enforma-se toda uma produção associada, de certo modo, *performance*, mas destituída de sua virulência transformadora.

Como foco de resistência, a investigação da *performance* tem migrado, desde os anos de 1990, de seu ponto de partida nas contundentes ações antropológicas e investigativas da consciência e da corporeidade humana. É o caso das realizações do La Fura del Baus, da *performer* Orlan, de Marina Abramovic, de Tunga e outros, que colocam sua psique e corpo na busca das extensões – e, curiosamente, grande parte deles está nomeada como pesquisa do "Corpo Extenso" – e, em outra frente, das ações e *performances* com tecnologia, desde trabalhos com mediação de corpo até inúmeras produções na Arte WEB (Internet), que democratizam a veiculação de cenas e acontecimentos e criam ambientes de produção, semelhantes às ações dos anos de 1960. Assim, são geradas quer pesquisas de mutação e identidade, como as de Eduardo Kac, quer experimentação erótica e subjetiva e veiculação de "rádios livres", como a Zapatista, as resistências do Kosovo, entre outros acontecimentos performativos e políticos. Em outra frente, incorporam-se inúmeros processos de subjetivação, como as recentes pesquisas cênicas e performáticas na confluência entre arte e loucura, a exemplo dos trabalhos da Cia Ueinzz (São Paulo), sob minha direção e de Sérgio Penna.

Por último, importa lembrar que *Performance como Linguagem* tornou-se uma espécie de *cult* pioneiro (no caminho visionário da Editora Perspectiva), em língua portuguesa, junto com o livro de Luiz Roberto Galizia, *Os Processos Criativos de Robert Wilson*, na apresentação de repertórios e procedimentos da cena moderna e contemporânea, da *performance* em sua manifestação radical, corroborando, segundo depoimentos, o caminho de inúmeros jovens artistas confrontados e autorizados por essas perspectivas vitais.

Renato Cohen
agosto de 2002

PREFÁCIO

A partir dos anos 50 a atuação do artista plástico começou a se inscrever na obra pictórica fazendo com que os processos de criação fossem registrados na superfície da tela. Esta tendência de se valorizar o momento da criação era o prenúncio de uma mutação na arte contemporânea.

Enquanto as pinturas performáticas de Pollock e Kounellis registrando gestos expressivos ainda resultavam em representações estéticas objetuais, o nascente movimento da *body art* deslocava o ponto focal do produto para o processo, da obra para o criador. A *body art* assumia o corpo como suporte artístico. A ação do artista sustentava-se como mensagem estética por si mesma e o seu registro residual ou documental representava um epifenômeno. A autoflagelação controlada, programada de Gina Pane propunha ao espectador um contato direto com uma ação dramática não representada, concebida como um elemento estático.

A expansão das artes plásticas em direção ao território do invisível, do irrepresentável questionava a sedimentação do pensar artístico e reclamava novos conceitos. A noção de *per-*

15

formance respondeu às novas proposições estéticas e ao mesmo tempo sugeriu uma nova perspectiva de leitura da história das artes.

Roselee Goldberg identifica uma "história oculta" da *performance* em nosso século identificando muitas das teatralizações, das manifestações para-artísticas dos futuristas, construtivistas, dadaístas e surrealistas como performáticas. Jorge Glusberg em seu livro *A Arte da Performance* (traduzido por Renato Cohen e publicado pela Perspectiva) refere-se à chamada pré-história da *performance*, identificando movimentos, artistas e eventos que levaram ao reconhecimento da especificidade desta forma artística. Glusberg no entanto reconhece que a origem da *performance* remonta à Antiguidade.

Gregory Battcock, em *The Art of Performance*, complementa esta concepção ao afirmar:

> Antes do homem estar consciente da arte ele tornou-se consciente de si mesmo. Autoconsciência é, portanto, a primeira arte. Em *performance* a figura do artista é o instrumento da arte. É a própria arte.

Atualmente a *performance é* um gênero plenamente estabelecido no cenário artístico internacional e no brasileiro. A partir da década de 70 surgiram inúmeros artistas plásticos dedicando-se exclusivamente a esta forma de atuação estética.

No Brasil, no entanto, a absorção da *performance* refletiu um típico processo de colonização cultural, no qual os mais recentes avanços da cultura americana ou europeia são excessivamente valorizados pela mídia e assumidos de maneira rápida e superficial, gerando eventos, obras e publicações equivocadas, e um público despreparado.

O trabalho de Renato Cohen representa um esforço de se reformar esta situação. Fundamentado numa excelente pesquisa teórica e histórica da linguagem performática Renato Cohen incorpora o Brasil em seu estudo, incluindo uma visão crítica de *performances* de brasileiras, concentrando-se nos trabalhos de Guto Lacaz e de Otávio Donasci.

O livro reflete um dilema de Renato Cohen em sua atuação profissional – ampliar os limites do teatro, absorvendo a contracultura e a *performance* e ao mesmo tempo fazer teatro, estabelecendo-se como profissional neste campo de atuação.

16

O autor reconhece um *topos* específico à *performance*, mas a observa da perspectiva do teatro e assim estabelece um confronto dialético e enriquecedor para ambos os gêneros.

Uma consequência possível e desejável desta publicação seria o incentivo à inclusão de *performances* em eventos do circuito cultural.

Artur Matuck

DO PERCURSO

Várias motivações podem levar à escolha de um tema e à delimitação de um feixe de interesse: motivações ideológicas, estéticas e até afetivas. Evidentemente existe uma combinação desses fatores, mas, talvez, o mais importante seja mesmo a identificação afetiva através da empatia com a obra e o processo criativo de alguns artistas.

Dois pontos se mostraram claros nesse processo – por um lado uma identificação com a cultura *underground*[1] e, ao mesmo tempo, a busca dentro do teatro, que foi a expressão pela qual eu me engajei, de um resultado que não levasse unicamente à representação e tivesse maior aproximação com a vida.

Ao falar do meu percurso acredito estar falando da história de outras pessoas da minha geração, dos filhos de 64, todos bombardeados pelos mesmos influxos: obscurantismo cultural, formação de ideias padronizadas pela mídia institu-

---

1. Hoje, o *underground* já não é mais subterrâneo – essa identificação diz respeito à contracultura, ao movimento *hippie*, à sociedade alternativa, à arte experimental etc.

cionalizada, patrulhamento estético-ideológico promovido pela esquerda, "ilhagem" em relação ao exterior etc. etc.

Do Teatro ficou o relato de uma "época de ouro", dos anos 60, principalmente em termos de um teatro experimental: o Oficina, os festivais, a vinda do Living Theatre e de Bob Wilson, a presença de Victor Garcia, Jérome Savary e outros. Acompanhamos também, com o devido retardo e filtro, comum às informações que vêm de fora, a passagem de inúmeras "ondas" e estéticas; o movimento *beat*, a *hippie generation* e a contracultura, e mais recentemente o movimento *punk-new wave* com todos seus desdobramentos.

Esse contato através de relatos, leituras e alguma observação despertava uma série de perguntas: como era esse processo do Living Theatre de "viver" teatro e não "representar" teatro – será que conseguiam realizar Artaud? Que tipo de experiências Andy Warhol fazia na sua fábrica? Como a antipsiquiatria e as técnicas orientais entravam no processo dos *happenings?* E muitas outras perguntas que, transportadas para o que se via no Brasil, abriam outras indagações: por que as outras artes alcançavam grandes progressos e o teatro continuava tão estagnado? A prática do teatro teria que ficar isolada das outras artes? Será que a única alternativa para a caretice era Brecht?

O meu início no teatro foi igual ao de quase todo mundo – trabalho de ator baseado no método de Stanislavski. A partir de 1981, tomei contato com a obra de Artaud e sua proposta de um teatro ritualístico, transcendente, e realizei, em âmbito escolar, alguns *happenings* com base nos textos "O Teatro e A Peste" e "O Teatro e A Metafísica"[2].

Talvez um pouco desgastado pelo percurso da "Via Negativa" seguida por Artaud, acabei me direcionando para a obra de um artista que me abriu toda uma nova perspectiva de criação e de atuação: Bob Wilson. Além da busca deste se dar por um caminho "luminoso" – ele já foi chamado de Messias das Artes, o grande mérito de Bob Wilson, é o de ser um artista que conseguiu sintetizar, e colocar em obra, grande parte da criação artística do século XX. Pelo menos em termos de uma criação de vanguarda.

2. ANTONIN ARTAUD, *O Teatro e seu Duplo*, Lisboa, Editorial Minotauro, s.d.

Nessa época, final de 1982, tomava contato também com o pesquisador e artista Luiz Roberto Galizia, que foi o primeiro orientador da pesquisa. Galizia havia trabalhado diretamente com Robert Wilson e seu interesse pelos artistas americanos contemporâneos e pela ideia de pensar uma arte total deram um grande impulso para a minha pesquisa, ainda incipiente.

Seguindo essa trilha, comecei a estudar outros teóricos como Appia e Gordon Craig, e acompanhar o trabalho de artistas contemporâneos como John Cage, Richard Foreman, Meredith Monk e Brian Eno, para citar alguns. No Brasil, alguns artistas como Aguillar, Ivald Granatto e Denise Stocklos realizavam experiências cênicas diferentes do que se acompanhava no teatro.

Em 1982, ainda, passei a fazer parte da equipe piloto de "animadores culturais" que faziam a programação do recém--criado Sesc Fábrica da Pompeia. Foi um tempo de grande efervescência artística e, em apenas um mês, foi lançado o I Festival Punk de São Paulo, e o I Evento de Performances.

A *performance* começa a impor-se como linguagem e para ela convergem uma série de artistas das mais diversas mídias, atraídos por essa novidade que abarca as experiências de vanguarda. Nesta época inicio minha pesquisa sobre o tema.

Em 1983, no curso "Processos Criativos de Robert Wilson", de Luiz Galizia, apresento a *performance Moura Bruma*, uma criação a partir de trechos e imagens de *Ulisses* de James Joyce. O título vem de uma aliteração de Molly Bloom, principal personagem feminina do romance. A seguir realizei como roteirista e *performer* o espetáculo *Dr. Jericko em Performance*, calcado no Teatro da Crueldade e que foi apresentado na FAU/USP e na ECA, juntamente com um *show punk* na festa do diretório acadêmico.

Em 1984 realizo como diretor e ator o espetáculo *Tarô--Rota-Ator*, apresentado no Madame Satã durante dois meses. Esse espetáculo, baseado na simbologia do tarô medieval, pesquisa a linguagem do teatro ritual. Algumas características dessa apresentação, como o predomínio do símbolo sobre a palavra, o uso de estrutura não narrativa, a forma de ocupação do espaço etc. aproximavam-na da linguagem de *performance*.

Em meados de 1985, Jacó Guinsburg assume a orientação da Dissertação. Sua orientação inicia-se num momento crucial da pesquisa – o de estruturação e redação final do trabalho – e a discussão de inúmeros pontos conceituais abrangendo questões de linguagem, de representação, de estetização etc., permitiram uma visão menos rígida de algumas posições e uma abordagem muito mais globalizante da questão da *performance*.

Em reuniões que alcançaram um cunho epistemológico, indo das discussões de princípios filosóficos (a fundamentação do momento de vida e do momento de representação) até uma organização semiológica do tema, a interlocução com meu orientador permitiu um amadurecimento tanto intelectual quanto prático a respeito dos temas envolvidos.

Em 1986 realizo como roteirista e diretor o espetáculo *O Espelho Vivo-Projeto Magritte*. Essa montagem, apoiada em multimídia, permitiu exercitar uma série de conceitos elaborados na pesquisa e colocar em cena toda a experimentação inerente à *performance*, levando às últimas consequências os aspectos de formalização.

Essa experimentação veio se somar à pesquisa teórica e espero com essa publicação possibilitar ao público em geral a tomada de contato com um universo que é ao mesmo tempo mandálico, inesgotável e pouco conhecido e, ao contrário do que se pensa, não somente regido pela criação impulsiva e aleatória.

Destaco a seguir, alguns nomes que foram grandes impulsionadores deste trabalho: Regina Schnaiderman, Luiz Roberto Galizia, Wolney de Assis, Claudio, Marcos e Malina Cohen, Marisa Joelsons, J. E. Vendramini, Artur Matuck, Beth Lopes, Sergio Farias, Guto Lacaz, Otávio Donasci, Gil Finguerman, Nando Ramos, Paulo Dud e Jacó Guinsburg.

Renato Cohen
Mestre pela ECA / USP

INTRODUÇÃO

Dos Objetivos

O objetivo primeiro deste trabalho é o de analisar a chamada "arte de *performance*"[1], estabelecendo suas relações com o teatro e outras artes.

Se de um ponto de vista prático muito se realizou no Brasil, em termos de *performance*, de 1982 para cá, o mesmo não aconteceu de um ponto de vista conceitual, sendo raras as formulações teóricas sobre esta expressão.

Da mesma forma, todo um universo relacionado com esta expressão que engloba desde o teatro formalista contemporâneo de grupos como o de Bob Wilson ou o Mabou Mines, até a música minimalista, por exemplo, não tem sido acompanhado, da forma necessária, por nossas publicações, independentemente do interesse que desperta no público em geral[2].

1. Nos artigos e ensaios, os americanos utilizam *performance art* para definir a expressão. Nesse sentido, adotaremos a tradução acima ou, simplesmente, o termo *performance*.
2. Esse interesse é despertado por artigos em jornais, principalmente da *Folha Ilustrada* que acompanha os eventos de vanguarda pelo mundo. É importante lembrar, no que diz respeito às publicações, que uma obra

Dentro da carência que caracteriza nossa produção cultural, enveredou-se, nas publicações de artes cênicas, pelos textos dramatúrgicos e pelo teatro engajado, na linha brechtiana, criando-se um vácuo para toda produção voltada para o imagético, para o não verbal, produção esta suportada em temas existenciais e em processos de construção mais irracionais.

Essa mesma carência verifica-se em escolas e centros de formação de artistas, onde, em termos de teatro, praticamente ainda somente se trabalha com o Método de Stanislavski e com montagens totalmente apoiadas na dramaturgia.

Recentemente, com a crescente preocupação de integração das artes – usa-se muito o termo "dança-teatro", por exemplo – e com o sucesso de grupos como os de Pina Baush, Arianne Mnouchkine e Jérome Savary, que privilegiam a encenação (calcada na experimentação), tem havido uma abertura para outro tipo de abordagem e para a pesquisa de linguagem nas artes cênicas[3].

Por outro lado, se existia um risco pela carência, com o advento da *performance* como expressão, que veio preencher com um nome mágico todo o vazio da vanguarda, passou a existir um risco do lado oposto, com um excesso de espetáculos oportunistas que vieram trazer um desgaste para as tendências de experimentação dentró da arte.

O que aconteceu é que a partir do momento que *performance* começou a ser associada com "acontecimento de vanguarda", qualquer artista ou grupo que fizesse um trabalho menos acadêmico atribuía-lhe essa designação, independentemente ou não da produção ter alguma contiguidade com o que se entende por *performance*. A noção que ficou para o público brasileiro é que *performance* é um conjunto de *sketc.*

---

fundamental como *O Teatro e seu Duplo*, de Antonin Artaud, só foi publicada no Brasil em 1982 (com a atenuante que já havia uma versão portuguesa da obra), e que os escritos *beats* também só estão sendo publicados agora, virando moda vinte anos depois de seu lançamento.

3. É importante lembrar que São Paulo foi, nos anos 70, um dos centros mundiais de experimentação teatral, estando aqui Arrabal, Bob Wilson, o Living Theatre e o próprio Jérome Savary, que trabalhou no Teatro Ruth Escobar. No entanto grande parte da informação que se refere a esses anos de experimentação (exceto a que diz respeito às montagens do Teatro Oficina) não foi transmitida aos novos artistas.

hes improvisados e que é apresentada eventualmente e em locais alternativos.

Na verdade, o que procuramos demonstrar com o presente estudo é que essas características são mais próprias do que se entendia por *happening* e que justamente o que caracteriza a passagem do *happening* para a *performance*[4] *é* o aumento de preparação em detrimento do improviso e da espontaneidade. *Performances*, como as de Laurie Anderson ou do grupo Ping Chong, são extensamente preparadas e pouco improvisadas. No Brasil, trabalhos como os de Guto Lacaz ou de Otávio Donasci também têm essa característica. É lógico que, numa comparação com o teatro, a *performance* de fato se realiza, em geral, em locais alternativos, com poucas apresentações e com muito maior espaço para a improvisação.

É nosso objetivo, portanto, efetuar um balanço de toda essa "experimentação" ocorrida no Brasil, documentando o que de principal se produziu, ao mesmo tempo que com a introdução de algumas discussões e exemplos teóricos esperamos trazer uma contribuição para encenadores, diretores, atores e interessados em geral, proporcionando o contato com um universo ainda parcialmente desconhecido no Brasil.

Por último, a característica de arte de fronteira da *performance*, que rompe convenções, formas e estéticas, num movimento que é ao mesmo tempo de quebra e de aglutinação, permite analisar, sob outro enfoque, numa confrontação com o teatro, questões complexas como a da representação, do uso da convenção, do processo de criação etc., questões que são extensíveis à arte em geral.

Se por um lado a arte de *performance* tem sido exaustivamente estudada no exterior, através de ensaios e artigos, não temos conhecimento de nenhum trabalho que se proponha a uma análise comparativa com o teatro da forma que estamos fazendo.

---

4. No Cap. 4 analisamos com detalhe a transição da expressão artística *happening* para a *performance*.

Dos Conceitos

Apesar de sua característica anárquica e de, na sua própria razão de ser, procurar escapar de rótulos e definições, a *performance* é antes de tudo uma *expressão cênica*: um quadro sendo exibido para uma plateia não caracteriza uma *performance*; alguém pintando esse quadro, ao vivo, já poderia caracterizá-la.

A partir dessa primeira definição, podemos entender a *performance* como uma função do espaço e do tempo P = f(s, t); para caracterizar uma *performance*, algo precisa estar acontecendo naquele instante, naquele local. Nesse sentido, a exibição pura e simples de um vídeo, por exemplo, que foi pré-gravado, não caracteriza uma *performance*, a menos que este vídeo esteja *contextualizado* dentro de uma sequência maior, funcionando como uma *instalação*[5], ou seja, sendo exibido concomitantemente com alguma atuação ao vivo.

Para se adentrar nessa discussão topológica e sígnica, é interessante introduzir-se a conceituação de Jacó Guinsburg[6] a respeito de encenação: para este, a expressão cênica é caracterizada por uma tríade básica (atuante-texto-público) sem a qual ela não tem existência.

Tomaremos esses conceitos, usados originalmente para o teatro, e os ampliaremos, à guisa de formulação da expressão *performance*, aos seus limites mais extensos:

O atuante não precisa ser necessariamente um ser humano (o ator), podendo ser um boneco[7], ou mesmo um animal[8]. Podemos radicalizar ainda mais o conceito de "atuante", que pode ser desempenhado por um simples objeto[9], ou uma forma abstrata qualquer.

---

5. Uma instalação é algum elemento sígnico, que pode ser um objeto, um ator, um vídeo, uma escultura etc., que fica "instalado" num local fixo e é observado por pessoas que geralmente chegam em tempos distintos.

6. JACÓ GUINSBURG, "O Teatro no Gesto", *Polêmica*, São Paulo, 1980.

7. GORDON CRAIG, em *Da Arte ao Teatro* (Lisboa, Editora Arcádia, 1911), defendia a utilização de *sur-marionetes* (bonecos) que poderiam reproduzir de forma mais precisa as ideias do encenador, por não estarem afetadas pela emoção humana.

8. JACK SMITH, um encenador *underground*, montou uma peça de Ibsen, onde as personagens, devidamente trajadas, eram interpretadas por macacos, e as falas apareciam gravadas, focando-se cada personagem no momento de sua fala (*Queer Theatre*, Stefan Brecht).

9. GUTO LACAZ em sua *Eletroperformance* cria um atuante que é um rádio que pisca enquanto fala.

A palavra "texto" deve ser entendida no seu sentido semiológico, isto é, como um conjunto de signos que podem ser simbólicos (verbais), icônicos (imagéticos) ou mesmo indiciais[10].

No que tange à presença do público, é interessante ter-se em mente a proposta de Adolphe Appia[11] de se chegar a uma cena, que ele chama de "Sala Catedral do Futuro", onde não haja espectadores, só atuantes. A questão da necessidade do espectador para algo ser caracterizado como arte (a supressão deste implicaria algo como um psicodrama, onde todos têm a possibilidade de ser espectadores-atuantes) tem sido objeto de grande polêmica. A posição que adotamos (ver Cap. 4) foi de considerar duas formas cênicas básicas: a forma estética, que implica o espectador, e a forma ritual, em que o público tende a se tornar participante, em detrimento de sua posição de assistente.

Definidos os três axiomas da cena, é importante falarmos da relação espaço-tempo, já que definimos a *performance* como uma função desta relação; podemos entender a determinação espacial na sua forma mais ampla possível, ou seja, qualquer lugar que acomode atuantes e espectadores e não necessariamente edifícios-teatro (a título de exemplo, já foram realizadas *performances* em praças, igrejas, piscinas, museus, praias, elevadores, edifícios etc.).

A determinação temporal também é a mais ampla possível: Bob Wilson[12], que justamente faz experiências com a relação espaço-tempo, realiza espetáculos de 12 a 24 horas de duração (no Festival de Xiraz, em 1972, realizou o trabalho *Ka Mountain Guardenia Terrace*, que durou sete dias e consistiu basicamente numa experiência de tempo).

Por último, dentro dessa conceituação inicial da *performance*, é importante discutir-se a questão da hibridez desta linguagem: para muitos, a *performance* pertenceria muito mais à família das artes plásticas, caracterizando-se por ser a evolução dinâmico-espacial dessa arte estática.

10. Sombras, ruídos, fumaças, figuras delineadas por luzes etc.
11. ADOLPHE APPIA, *A Obra de Arte Viva*, Lisboa, Editora Arcádia, 1919.
12. Não podemos classificar o teatro de Bob Wilson como *performance*, no entanto, existe uma aproximação entre seu processo de criação e trabalho e o processo dos artistas da *performance*.

Essa colocação é bastante plausível; na sua origem (ver Cap. 1) a *performance* passa pela chamada *body art*, em que o artista é sujeito e objeto de sua arte (ao invés de pintar, de esculpir algo, ele mesmo se coloca enquanto escultura viva). O artista transforma-se em atuante, agindo como um *performer* (artista cênico).

Soma-se a isto o fato de que, tanto a nível de conceito quanto a nível de prática, a *performance* advém de artistas plásticos e não de artistas oriundos do teatro. Para citar alguns exemplos, Andy Warhol, Grupo Fluxus, Allan Kaprow, Claes Oldenburg. No Brasil, Ivald Granatto, Aguillar, Guto Lacaz etc.

Poderíamos dizer, numa classificação topológica, que a *performance* se colocaria no limite das artes plásticas e das artes cênicas, sendo uma linguagem híbrida que guarda características da primeira enquanto origem e da segunda enquanto finalidade.

Do Processo de Pesquisa

Para uma conceituação mais aprimorada da *performance* lidamos com duas dificuldades básicas:

Primeiro, que o que melhor se fez em termos da *performance art* foi realizado no exterior, principalmente nos Estados Unidos. Destas *performances*, temos alguma documentação – fotos, relatos, descrições – o que não contribui, contudo, para uma real tomada de contato com esses espetáculos. É claro que a dificuldade de falar-se sobre algo que não se presenciou é extensível a qualquer análise de arte, mas, no caso da *performance*, esta dificuldade é maior pelo fato de estarmos lidando com o que Schechner[13] chama de *multiplex code*. O *multiplex code* é o resultado de uma emissão multimídica (drama, vídeo, imagens, sons etc.), que provoca no espectador uma recepção que é muito mais cognitivo-sensória do que racional. Nesse sentido, qualquer descrição de *performance* fica muito mais distante da sensa-

13. RICHARD SCHECHNER, "Post Modern Performance: Two Views", *Performings Arts Journal*, p. 13.

ção de assisti-las, reportando-se, geralmente, essa descrição ao relato dos "fatos" acontecidos[14].

Por outro lado, o que vem preencher um pouco este vazio é o fato de que a *performance*, como expressão artística, está correlacionada em termos de ideologia, estética e formalização, com todo um universo que inclui desde a *sound poetry* até os *videoclips new waves*. Desta forma, temos contato através de vídeos, discos, *storyboards* de peças, manifestos, exposições de artes plásticas, com a obra de uma série de artistas ligados à *performance* que não se apresentaram no Brasil.

Um exemplo é Laurie Anderson, cuja *performance United States I-IV* (1983) pode ser acompanhada, em parte, através de vídeo apresentado em São Paulo, e pelo disco do espetáculo[15].

O conjunto do material levantado nessa pesquisa, bem como uma relação de *performances* que julgamos significativas estão apresentados, como *material fonte*, em anexo a este trabalho.

A outra dificuldade básica para a análise diz respeito à confusão que se criou em torno do termo no Brasil: é claro que, na sua própria essência, a *performance* se caracteriza por ser uma expressão anárquica, que visa escapar de limites disciplinantes e que comporta tanto as apresentações do falecido faquir Bismarck (que engolia bolas de bilhar na Praça da Sé), quanto um espetáculo de intensa elaboração psíquica como *Shaggy Dog* (1978) de Mabou Mines.

Mas, nem por isso, podem se designar por *performance* certas experiências (na verdade "intervenções") feitas por radicais ou livre-atiradores[16].

---

14. Descrição do tipo, "aconteceu isto... o cenário era assim.. o tempo foi tal etc... " e que aumenta a dificuldade, porque nas *performances*, como nos rituais, muitas vezes interessa mais o *como* do que o *quê*.

15. O que também é limitado, porque, obviamente, nunca o vídeo vai substituir a característica do aqui-agora, da *performance*.

16. Coisas como fritar ovo na fila do Centro Cultural ou queimar dinheiro em cena durante longos minutos. É importante ressaltar que não criticamos esse tipo de evento, que tem uma certa importância no sentido de dessacralizar a arte ou mexer com o público, tirando-o de sua cômoda posição de observador etc. No entanto, levando-se em conta a época que esses eventos acontecem (anos 80) e a distinção que fizemos em relação ao *happening*, não podemos considerar tais intervenções como *performances*.

Para se ter uma melhor compreensão da trilha da arte de *performance* no Brasil e mesmo com um objetivo de documentação[17], é interessante, nesse momento, darmos um breve histórico do movimento.

Pode-se associar o início da difusão da *performance*[18], em 1982, com a criação quase que simultânea de dois centros culturais: o Sesc Pompeia e o Centro Cultural São Paulo. Nesses dois centros, buscou-se prioritariamente abrir espaço para as manifestações alternativas que não estavam encontrando local em outros circuitos.

No Sesc Pompeia se realizam então dois eventos: as "14 Noites de *Performance*" e o I Festival *Punk* de São Paulo. O festival de *performances* do Sesc Pompeia foi o primeiro grande evento deste tipo realizado em São Paulo e contou com a participação de artistas oriundos das várias artes: do teatro – Ornitorrinco, Manhas & Manias, Denise Stocklos; das artes plásticas – Ivald Granatto, Arnaldo & Go.; da dança – Ivaldo Bertazzo. Participam também Patricio Bisso e uma série de artistas da música, vídeo e grafismo. O evento foi uma "fusão" de mídias e linguagens, que trouxe a oportunidade de justapor artistas e pesquisas de diferentes rumos, chegando-se a resultados que caminham para a totalização das artes.

Na trilha dos Centros Culturais, e em consequência de um certo sucesso da produção alternativa (principalmente em termos da música, com os grupos *punk-new wave*), abrem-se novos espaços. Os mais importantes são, por ordem cronológica de aparecimento, o Carbono 14, o Napalm e o Madame Satã. Nesses espaços assiste-se a *performance*, *videoclips* e aos grupos de *rock-new wave* tupiniquins.

17. De 1982 para cá, procurei acompanhar tudo o que se realizou em termos de *performance* em São Paulo (que foi o principal centro de expressão no Brasil). Esse trabalho não foi exaustivo, mas eu o considero significativo para a pesquisa. A possibilidade que tive de trabalhar dentro do Sesc Pompeia, como animador cultural, bem como o fato de ter realizado *performances* junto com meu grupo, me permitiram um contato mais direto com a produção desta arte. Em anexo, relaciono o conjunto de trabalhos e festivais acompanhados.
18. É claro que antes disso, artistas plásticos como Aguillar, Granatto e outros já realizavam experiências com *performances*, mas estas ficavam restritas a um circuito muito pequeno, praticamente só de artistas plásticos.

Em 1983, o Sesc Pompeia realiza o II Ciclo de *Performances*. No Centro Cultural cria-se um espaço destinado a essa linguagem: "o Espaço *Performance*". No MIS, no mesmo ano, realiza-se o I Festival de Vídeo e do evento participam *performers* que utilizam tecnologia e vídeo na sua criação – caso de Otávio Donasci com as suas videocriaturas.

Nesse momento a *performance* já está devidamente incorporada ao cenário artístico (eixo Rio-São Paulo) virando uma espécie de moda. Realizam-se uma série de eventos em que se experimenta de tudo: *body art*, teatro da crueldade, tecnologia, arte terapia, intervenção, criação aleatória etc. Nessa profusão de trabalhos se incluem experiências que vão da alta criatividade à mediocridade.

Fechando de certa forma um ciclo, a Funarte realiza em agosto de 1984, o seu I Festival de *Performances*. Participam desse evento – Guto Lacaz, Ivald Granatto, TVDO, Paulo Yutaka e artistas de vários Estados do Brasil. Se nessa mostra não se atingiu o nível de festivais do Sesc, tendo se realizado algumas *performances* bastante primárias, o evento teve seu valor pela polêmica instaurada. Eis o trecho da crítica de Sheila Leirner[19] que cobriu o festival:

> Lamentável. A Sala Guiomar Novaes, transformada subitamente numa "casa de ninguém", como palco para um desfile de incompreensões. A começar pelo próprio conceito de *performance*. Pois *performance* não é "qualquer coisa". A ideia de que "qualquer um pode fazer arte" ou de que "qualquer coisa pode ser arte" já constituiu há algum tempo um paroxismo eficaz. Hoje, quando já se experimentou tudo ou quase tudo, ela é uma ideia ultrapassada, reacionária e até ideologicamente suspeita. O público foi uma vítima… perdeu-se uma excelente oportunidade de revelar novos conceitos e provocar a reflexão de uma audiência excepcionalmente receptiva.

Essa crítica de certa forma enfatiza nossa colocação anterior e traz de volta a polêmica sobre a institucionalização da arte[20].

19. "A Perda de uma Excelente Oportunidade de Revelação", *O Estado de S. Paulo*, 7.8.84.
20. A argumentação de Sheila Leirner é que faltou curadoria para o evento. Já Roberto Bicelli, organizador do evento, argumentou que a *performance é* um movimento anárquico, não ortodoxo como pretende a

De 1984 para cá a *performance* se diluiu enquanto vanguarda[21], sendo em contrapartida bastante absorvida pelas formas artísticas mais tradicionais. A nosso ver, houve um esgotamento dos espetáculos intensamente espontâneos, havendo, porém, espaço para *performances* mais elaboradas (praticamente desconhecidas no Brasil).

Fica claro que sempre haverá espaço para espetáculos que permeiem essa linguagem (do experimental, do ritual, do sígnico) e que, com o esgotamento da *performance*, algo novo se sucederá dentro da vanguarda, da mesma forma que a *performance* sucedeu ao *happening*.

Por último, dentro do processo de pesquisa, é importante ressaltar a contribuição que minha observação prática[22] trouxe para a minha pesquisa, visto que muitos conceitos se completaram e se modificaram a partir dessa observação "de dentro".

crítica, e que não cabia a ele censurar previamente certos trabalhos inscritos para o evento. A crítica de Sheila Leirner, levantada em 1984, tornou-se emblemática no decorrer dos anos seguintes, pois em consequência da série de eventos mal produzidos, improvisados e, principalmente, de baixa qualidade que receberam a denominação de *performance*, o termo caiu em total desgaste e passou a ser conotado como "qualquer coisa". Isso impediu, por parte do público e dos artistas, o contato com espetáculos de outro nível que também pertencem à chamada *performance art*.

21. Em meados de 1988, o Madame Satã e o Espaço Off ainda mantinham espaços para realização de *performances*.

22. Em *Do Percurso*, relaciono meus trabalhos práticos.

34

1. DAS RAÍZES:

LIVE ART – PONTE ENTRE VIDA E ARTE

Dur...
only...
the gar...
with the...
stick, glo...
(delivered...
acknowledg...

Coyote wa...
'coyote comp...
of persecution a...
the United State...
only on the coyo...
myself, see nothing...
and exchange roles...
also represented a tra...
of freedom.

To Beuys, this transfe...
actions. His idea of 'social...
discussions with large...
contexts, was a...
art bey...

O artista é um homem que não pode se conformar com a renúncia à satisfação das pulsões que a realidade exige. Toda arte é o desenho do desejo. O artista dá livre vazão a seus desejos eróticos e fantasias. A realidade interdita *o tempo todo. Desde coação social até a gramática. A obra de arte se caracteriza* pela transgressão, *por não obedecer a gramática*[1].

SIGMUND FREUD

Ontologia da Performance: *Aproximação entre Vida e Arte*

Qual o desígnio da arte: representar o real? Recriar o real? Ou, criar outras realidades?

Isso, sem esquecermos da questão primeira, que já extrapola o campo da especulação estética, ou seja, de definir o que é o real?

Tomando como ponto de estudo a expressão artística *performance*, como uma *arte de fronteira*, no seu contínuo

---

1. Os grifos são meus.

movimento de ruptura com o que pode ser denominado "arte-
-estabelecida"[2], a *performance* acaba penetrando por caminhos
e situações antes não valorizadas como arte. Da mesma forma,
acaba tocando nos tênues limites que separam vida e arte.

A *performance* está ontologicamente ligada a um movimento maior, uma maneira de se encarar a arte; A *live art*. A
live art é a arte ao vivo e também a arte viva. É uma forma de
se ver arte em que se procura uma aproximação direta com a
vida, em que se estimula o espontâneo, o natural, em detrimento do elaborado, do ensaiado.

A *live art* é um movimento de ruptura que visa dessacralizar a arte, tirando-a de sua função meramente estética, eli-
tista. A ideia é de resgatar a característica ritual da arte,
tirando-a de "espaços mortos", como museus, galerias, teatros,
e colocando-a numa posição "viva", modificadora.

Esse movimento é dialético, pois na medida em que, de
um lado, se tira a arte de uma posição sacra, inatingível, vai
se buscar, de outro, a ritualização dos atos comuns da vida:
dormir, comer, movimentar-se, beber um copo de água (como
numa *performance* de George Brecht do Fluxus) passam a ser
encarados como atos rituais e artísticos. John Cage diz: "Gos-
taria que se pudesse considerar a vida cotidiana como teatro"[3].

Dentro desse modo de encarar a arte, Isadora Duncan,
Merce Cunninghan e outros "libertaram" de certa forma a
dança, incorporando ao seu repertório movimentos e situações
comuns do dia-a-dia, como andar, parar e trocar de roupa, por
exemplo. Personagens diárias (e não míticas), como guardas,
operários, mulheres gordas etc., passam a fazer parte das co-
reografias. Tudo isso hoje é lugar-comum na chamada "dança

2. ALLAN KAPROW, o idealizador de *happening*, que se autodenomi-
na um fazedor de conceitos, estabelece o contraponto ARTE-arte e NÃ
ARTE. A primeira, que chamamos de "arte-estabelecida", é herdeira da
arte instituída, é intencional, tem fé e aspira a um plano superior. Expri-
me-se numa série de formas e "ambientes sagrados" (exposições, livros,
filmes, monumentos etc.). A não arte engloba tudo o que não tenha sido
aceito como arte, mas que haja atraído a atenção de um artista com essa
possibilidade em mente (em *A Educação do A-Artista*). Um exemplo
claro disto são os *ready-mades* de Marcel Duchamp, que vão dar um
valor de objetos de arte a produtos industriais, feitos em série e absolutamente cotidianos, como uma bicicleta ou um vaso sanitário.
3. Material do Grupo Fluxus – Bienal 1983 (ver fontes textuais).

38

moderna", maçantes dessa ruptura, era considerado abjeto por alguns estetas.

Na música, essa ruptura se deu com Satie, Stockhausen, John Cage e outros: silêncio, ruídos etc., passam a ser aceitos como formas musicais. Cage introduz a aleatoriedade nos seus "concertos", reforçando a ideia (que se apoia num conceito zen de vida) de uma arte não intencional.

Na literatura, podem se mencionar tanto experiências empíricas, como a proposta surrealista da escrita automática, em que vale o jorro, o fluxo e não a construção formal, quanto experiências altamente elaboradas, como as de James Joyce que em *Ulisses*, por exemplo, procura reproduzir o fluxo vital da emoção e do pensamento e narra a epopeia de um cidadão absolutamente comum.

Nas artes plásticas esse processo de entropização[4] é quase automático. Podemos citar todos os movimentos da arte moderna (cubismo, dadaísmo, abstracionismo etc.) que guardam uma relação modificadora com o objeto representado[5].

É também nas artes plásticas que surge o conceito de *action painting* passando pelos *assemblages* e *environments*[6]

---

4. Entropia é a medida de desorganização. O aumento de entropia corresponde ao aumento de desordem e também a maiores graus de liberdade na criação.

5. É importante discutir um paradoxo dentro de nossa conceituação de *live art*. Apesar de a mesma essencialmente buscar o vivo, a aproximação entre vida e arte, ela se afasta de toda tentativa de representação do real. Todo movimento dito "realista" é divergente das ideias da *live art*. Um quadro realista visa *representar* o objeto, da forma mais fiel possível. Essa representação, em si, é a morte do objeto. Nesse sentido, responderíamos às formulações iniciais, podendo colocar a função da arte dentro dessa concepção como sendo a de uma reelaboração do real (a obra de arte tem vida própria, não se limita a representar o objeto) e não uma representação do real.

6. A *action painting* é a pintura instantânea, que é realizada como espetáculo na frente de uma audiência. O seu idealizador é Jackson Pollock e no Brasil, Aguillar, que se dedicou a essa forma de trabalho. A *assemblage* é uma espécie de escultura ambiental onde pode ser usado qualquer elemento plástico-sensorial. O *environment* é uma evolução desta e ambas caminham para o que hoje se designa por *instalação*, que vem a ser uma escultura-signo-interferente, que muitas vezes vai funcionar como o cenário para o desenrolar da *performance*. (Para um acompanhamento detalhado dessas transições sugerimos a leitura de *A Arte da Performance* de JORGE GLUSBERG, São Paulo, Perspectiva, 1987, Debates 206.)

que vão desaguar na *body art* e na *performance*, em que o artista passa a ser sujeito e objeto de sua obra.

No teatro, e de uma forma mais global nas artes cênicas, essa quebra com o formalismo, com as convenções que "amarram" a linguagem[7] só vem a ser concretizada nos anos 60 com o *happening* e o teatro experimental de grupos como o Living Theatre e o La Mamma por exemplo.

Das Raízes: Uma Arte de Ruptura

De uma forma cronológica, podemos associar o início da *performance*[8] com o século XX e o advento da modernidade[9].

A rigor, antropologicamente falando, pode-se conjugar o nascimento da *performance* ao próprio ato do homem se fazer representar (a *performance* é uma arte cênica) e isso se dá pela institucionalização do código cultural[10].

7. Através da história do teatro, existem inúmeras "quebras" com a linha convencional, como o teatro expressionista, o teatro do absurdo etc. Da mesma forma, existem gêneros que exploram a espontaneidade e escapam das convenções mais pesadas do teatro, como a *comedia dell'arte* ou o teatro de rua, por exemplo. Mas é no *happening* que essa quebra com a convenção teatral é mais radical: não existe a clara distinção palco-plateia, ela é rompida a qualquer instante, confundindo-se atuante e espectador, não existe nenhuma estruturação de cena que siga as clássicas definições aristotélicas (linha dramática, continuidade de tempo e espaço etc.), não existe a distinção personagem atuante etc.
É importante ressaltar que, em termos de radicalidade, o *happening* é o momento maior, e que na passagem do *happening*, dos anos 60, para a *performance*, dos anos 70, há um retrocesso em relação à quebra com as convenções, havendo um ganho, em contrapartida, de esteticidade.
8. Estamos vinculando a *performance* à *live art* e utilizando a conceituação de Rose Lee Goldberg (*Performance Live Art 1909 to the Present*), que recorre ao artifício de aplicar o termo *performance* (que só vai ser veiculado nos anos 70) a todas as manifestações predecessoras.
9. A rigor, o início da modernidade nas artes cênicas é associado à apresentação de *Ubu Rei*, de Alfred Jarry, em 1896, no Théâtre de L'Oeuvre em Paris, peça que rompe completamente os padrões estéticos da época, trazendo a semente do que iria acontecer no próximo século.
10. Nesse processo de instalação da cultura, usando a terminologia de Nietzsche, existiria uma síntese dialética de duas energias dicotômicas: o apolíneo e o dionisíaco. Ambas são matrizes das artes cênicas e do teatro. O apolíneo dirigindo a organização, a mensagem, a razão, e o

40

Dessa forma, há uma corrente ancestral da *performance* que passa pelos primeiros ritos tribais, pelas celebrações dionisíacas dos gregos e romanos, pelo histrionismo dos menestréis e por inúmeros outros gêneros, calcados na interpretação extrovertida, que vão desaguar no *cabaret* do século XIX e na modernidade.

No século XX a arte de *performance* se desenvolve na sua plenitude. Através das décadas, o movimento caminha sob várias formas e por diversos países. Procuraremos, nesse breve resumo, focar os fluxos de maior criatividade e significação artística por onde o movimento se desloca, de uma forma que se possa entender o elo entre os primeiros trabalhos da década de 1910 e a *performance* contemporânea.

O movimento futurista italiano, na década de 1910, marca o início de atividades e ideias organizadas. Marinetti lança o Manifesto Futurista, e no movimento agrupam-se pintores, poetas, músicos e artistas das mais diversas artes. A prática resulta em *seratas* onde se executam recitais poéticos, música e leitura de manifestos. A proposta futurista radicalizava os conceitos vigentes de arte, não apenas na ideia (proposta de peças-sínteses de trinta segundos, por exemplo) mas também na prática (a prática das *seratas* não era nada convencional, muitas vezes terminando em escândalos e pancadarias). O movimento futurista italiano repercute em toda a Europa, principalmente na França e na Rússia, onde Maiakóvski vai liderar um movimento altamente revolucionador.

O ano de 1916 marca a abertura do Cabaret Voltaire em Zurique. Hugo Ball e Emmy Hennings trazem a ideia de Munique onde acompanharam as inovadoras experiências dramatúrgicas de Wedekind, calcadas nos teatro *cabarets* da cidade. No Cabaret Voltaire, que atrai artistas da Europa inteira fugidos da guerra para a neutra Suíça, vai se dar a germinação do movimento Dadá. Nos cinco meses de existência do *cabaret* se experimenta de tudo, de expressionismo ao rito, do *guinol* ao macabro. Artistas de peso, das mais diversas artes, que vão germinar as ideias das próximas décadas se

dionisíaco a pulsão, a emoção e o irracional. Nesse ponto há a separação: o teatro clássico, calcado na organização aristotélica, se apoia numa forma mais apolínea e a *performance* (assim como uma parte do teatro) resgata a corrente que se reporta ao ritual, ao dionisíaco.

41

confrontam no *cabaret*: Kandinsky, Tristan Tzara, Richard Huelsenbeck, Rudolf von Laban, Jean Arp, Blaise Cendras, para citar alguns.

Ao fim dessa experiência, o Dadá já se espalha pela Europa e, com Paris, tornando-se o principal eixo de atividades. Em 1917, acontecem dois lançamentos importantes: as estreias de *Parade* de Jean Cocteau e *Les Mamelles de Tirésias* de Apollinaire, que revolucionam o conceito de dança e de encenação. As duas peças causam espanto no público parisiense e principalmente a segunda é recebida com amplos protestos (o público a toma como uma afronta).

Com esses espetáculos e com o lançamento da revista *Littérature* por André Breton, Paul Elouard, Philippe Soupault e Louis Aragon, começam a se criar as bases para o advento do movimento surrealista.

Em termos cênicos, o surrealismo vai seguir como tática e ideologia a *estética do escândalo*. O ingrediente é o de lançar provocação contra as plateias. O surrealismo ataca de forma veemente o realismo no teatro. Inovações cênicas são testadas, como a de se representar multidões numa só pessoa, apresentar-se peças sem texto, ou personagens-cenário fantásticos.

A maioria das peças apresentadas na Salle Gaveau, em 1920, tomam emprestada a estrutura do *vaudeville*, em que um mestre de cerimônias explica cada sequência (logicamente sem um nexo) e os outros atores "demonstram" a ideia.

As peças surrealistas acontecem tanto em edifícios-teatro, quanto em caminhadas de demonstração dos líderes do movimento, e visam, através do escândalo, chamar a atenção para as propostas do movimento, tanto a nível ideológico quanto artístico. É clara a identificação entre as atitudes dos surrealistas, nos anos 20 e os futuros *happenings*, dos anos 60.

Paralelamente ao surrealismo, a Bauhaus alemã desenvolve importantes experiências cênicas, que se propõem integrar, num ponto de vista humanista, arte e tecnologia. A Bauhaus é a primeira instituição de arte a organizar *workshops* de *performance*. Oskar Schlemmer, que dirige a seção de artes da Bauhaus, cria espetáculos como o *Ballet Triádico* (1922) e *Treppenwits* (1926-1927), até hoje não superados dentro de sua linha de pesquisa. Em 1933, com o advento do nazismo, a escola é fechada, praticamente encerrando com isto o capítulo europeu das *performances*.

A partir daí, o eixo principal do movimento se desloca para a América, com a fundação, em 1936, na Carolina do Norte, da Black Mountain College. O objetivo da instituição é o de desenvolver a experimentação nas artes e de incorporar a experiência dos europeus (grande parte dos professores da Bauhaus se transfere para lá).

Dois artistas exponenciais, na arte de *performance*, vão emergir da Black Mountain College: John Cage e Merce Cunninghan. Cage tenta fundir os conceitos orientais para a música ocidental, incorporando aos seus concertos silêncios, ruídos e os princípios zen da não previsibilidade. Cunninghan propõe uma dança fora de compasso (não segue a música que a orquestra) e não coreografante, abrindo, nessa quebra, passos importantes para o movimento da dança moderna.

A partir da escola, o eixo se desloca para New York, com os artistas realizando uma série de espetáculos, que em 1959 vão ganhar um novo nome-conceito: *happening*. Allan Kaprow realiza na Reuben Gallery, em New York, seu *18 Happening in 6 Parts*, encetando um novo conceito de encenação que vai ser propagado através da década seguinte.

A tradução literal de *happening* é acontecimento, ocorrência, evento. Aplica-se essa designação a um espectro de manifestações que incluem várias mídias, como artes plásticas, teatro, *art-collage*, música, dança etc.[11].

Com o florescimento da contracultura e do movimento *hippie*, os anos 60 vão ser marcados por uma produção maciça, que usa a experimentação cênica como forma de se atingir as propostas humanistas da época. Vários artistas buscam conceituar essas novas tendências de multilinguagem: Joseh Beuys as chama de *Aktion* (para ele o ponto central seria a ação). Wolf Vostell de *de-collage* (prevalecendo a fusão). Claes Oldemburg usa pela primeira vez o termo *performance* (valorizando a atuação).

O *happening*, que funciona como uma vanguarda catalisadora, vai se nutrir do que de novo se produz nas diversas artes: do teatro se incorpora o laboratório de Grotowski, o teatro ritual de Artaud, o teatro dialético de Brecht; da dança,

---

11. Mesmo com essa fusão, o *happening* mantém como princípio aglutinador sua característica de arte cênica, conservando, da forma mais livre possível, a tríade que definimos na Introdução (atuante-texto-público).

as novas expressões de Martha Grahan e Yvonne Rainier, para citar alguns artistas. É das artes plásticas que irá surgir o elo principal que produzirá a *performance* dos anos 70/80: a *action painting*. Conforme já comentado, Jackson Pollock lança a ideia de que o artista deve ser o sujeito e objeto de sua obra. Há uma transferência da pintura para o ato de pintar enquanto objeto artístico. A partir desse novo conceito, vai ganhar importância a movimentação física do artista durante sua "encenação". O caminho das artes cênicas será percorrido então pelo *approach* das artes plásticas: o artista irá prestar atenção à forma de utilização de seu corpo-instrumento, a sua interação com a relação espaço-tempo e a sua ligação com o público. O passo seguinte é a *body art* (arte do corpo) em que se sistematizam essa significação corporal e a inter-relação com o espaço e a plateia. O fato de se lidar com os velhos axiomas da arte cênica, sob um novo ponto de vista (o ponto de vista plástico), traz uma série de inovações à cena: o não uso de temas dramatúrgicos, o não uso da palavra impostada, para citar alguns exemplos[12].

A partir da década de 70, vai-se partir para experiências mais sofisticadas e conceituais (a nível de signo, por exemplo) que irão, para isso, incorporar tecnologia e incrementar o resultado estético. É o início do que os americanos chamam de *performance art*[13].

---

12. Simples movimentações espaciais, por exemplo, criam peças de alta densidade dramática. Muitos artistas, como Laurie Anderson, usam microfones e nunca passou pela cabeça deles a preocupação de impostar a voz e de usar todos esses recursos que o teatro considera axiomáticos.
13. Conforme já comentamos, no Brasil, sob o termo *performance*, agrupam-se tanto experiências desse tipo, quanto eventos mais rudimentares que guardam maior pertinência com as fases anteriores do movimento. É importante ressaltar também, no caso brasileiro, o trabalho singular e pioneiro de artistas como Flávio de Carvalho, e posteriormente de Hélio Oiticica e Ligia Clark que influenciaram as gerações seguintes.

Movimentos Congêneres: Da Contracultura à Não Arte

É importante enfatizar o papel de radicalidade que a *performance*, como expressão, herda de seus movimentos predecessores: a *performance* é basicamente uma linguagem de experimentação, sem compromissos com a mídia, nem com uma expectativa de público e nem com uma ideologia engajada. Ideologicamente falando, existe uma identificação com o anarquismo que resgata a liberdade na criação, esta a força motriz da arte.

A arte, como formula Freud, caminha com base no princípio do prazer e não no princípio de realidade. O artista lida com a transgressão, desobstruindo os impedimentos e as interdições que a realidade coloca (a obra de arte vai se caracterizar por ser uma outra criação: se eu vejo uma paisagem que objetivamente é verde, sob uma ótica vermelha, nada me impede de pintá-la assim).

O trabalho do artista de *performance é* basicamente um trabalho humanista, visando libertar o homem de suas amarras condicionantes, e a arte, dos lugares comuns impostos pelo sistema. Os praticantes da *performance*, numa linha direta com os artistas da contracultura, fazem parte de um último reduto que Susan Sontag[14] chama de "heróis da vontade radical", pessoas que não se submetem ao cinismo do sistema e praticam, à custa de suas vidas pessoais, uma arte de transcendência.

Ao trilhar o caminho do princípio do prazer[15], a *performance* resgata as ideias de uma prática da arte pela arte. Ou seja, a arte não se submetendo a ditames externos: não se faz uma comédia de costumes ao gosto comercial, nem um texto ideológico que fomente a conscientização política, nem uma montagem dramatúrgica regionalista. A *performance* trabalha ritualmente as questões existenciais básicas utilizando, para isso, recursos que vão desde o Teatro da Crueldade até elaborados truques sígnicos.

A apresentação de uma *performance* muitas vezes causa choque na plateia (acostumada aos clichês e à previsibilidade

14. *Styles of Radical Will.*
15. Na verdade, a *performance* atua dialeticamente tanto a nível do princípio do prazer – com um fluxo criativo e um processo de atuação dionisíaco, quanto a nível do princípio de realidade – com uma clara preocupação de organização da mensagem elaborada.

do teatro). A *performance* é basicamente uma arte de intervenção, modificadora, que visa causar uma transformação no receptor. A *performance* não é, na sua essência, uma arte de fruição, nem uma arte que se proponha a ser estética (muito embora, como já levantamos, se utilize de recursos cada vez mais elaborados para conseguir aumentar a "significação" da mensagem).

A *performance* está ideologicamente ligada à não arte, proposta por Kaprow, na medida que, como nesta, vai contra o profissionalismo e a intencionalidade na arte: o que diferencia o praticante da não arte, que ele vai chamar de a-artista, do artista praticante da arte-arte, é a intencionalidade. O a--artista não se coloca como um profissional. Tanto que a mensagem final de Kaprow é "Artistas do mundo. Caiam fora. Vocês nada têm a perder senão suas profissões".

No seu manifesto, falando da não intencionalidade da arte, Kaprow dá os seguintes exemplos:

... É difícil deixar de admitir que o diálogo transmitido entre o Centro Espacial de Houston e os astronautas da Apoio 11 é melhor que a poesia contemporânea.

... que os movimentos aleatórios entrelaçados dos fregueses de um supermercado são mais ricos que qualquer dança contemporânea.

Nesse sentido os conceitos da não arte se aproximam dos conceitos da *live art*, ou seja, pelos exemplos citados, escolhidos entre dezenas de outros exemplos do Manifesto, a própria vida, em certos instantes, é arte, e supera ao mesmo tempo tentativas arbitrárias (no sentido de não partirem de um impulso verdadeiro) de imitá-las.

O praticante da não arte, e da mesma forma o *performer*, trabalha nesse tênue limite da espontaneidade como no exemplo do movimento dos fregueses de supermercado que incidentalmente se tornou coreográfico, ou de um artista improvisando *sketc.hes* para um público, sem perder ao mesmo tempo sua dimensão de verdade.

2. DA LINGUAGEM:

PERFORMANCE – COLLAGE
COMO ESTRUTURA

A performance *é uma pintura sem tela, uma escultura sem matéria, um livro sem escrita, um teatro sem enredo... ou a união de tudo isso...*[1]

Da Legião Estrangeira das Artes: Criação de um Anti-Gesamtkunstwerk

Arte de fronteira. Teatro de imagens. Arte não intencional. Minimalismo. Intervenção. Blefe. Afinal, o que é *performance?* Talvez um pouco de tudo isso.

Antes de mais nada é preciso fazer-se um adendo: mais do que definir e delimitar a extensão da expressão artística *performance* – o que por si só já constituiria uma tarefa paradoxal, na tentativa de se decupar o que busca escapar do analítico, de sermos normativos com uma arte que na sua essencialidade procura escapar de definições e rotulações extintoras – é nossa intenção apontar, através da observação de

1. SHEILA LEIRNER, "A Perda de uma Excelente Oportunidade de Revelação", *O Estado de S, Paulo,* 07.08.1984.

diversos espetáculos, a estrutura e, mais do que isso, a ideologia que está por trás da expressão artística *performance*, e ao mesmo tempo, com essa análise, enfocar todo um riquíssimo universo de criação ainda parcialmente desconhecido do grande público no Brasil.

Por sua forma livre e anárquica, a *performance* abriga um sem número de artistas oriundos das mais diversas linguagens, tornando-se uma espécie de "legião estrangeira das artes"[2], do mesmo modo que incorpora no seu repertório manifestações artísticas das mais díspares possíveis.

Essa "babel" das artes não se origina de uma migração de artistas que não encontram espaço nas suas linguagens, mas, pelo contrário, se origina da busca intensa, de uma arte integrativa, uma arte total, que escape das delimitações disciplinares. Como diz Aguillar[3]:

> A *performance* utiliza uma linguagem de soma: música, dança, poesia, vídeo, teatro de vanguarda, ritual... Na *performance* o que interessa é apresentar, formalizar o ritual. A cristalização do gesto primordial.

A ideia de uma interdisciplina é fundamental:

> ... teatro, vídeo e filmes são empregados, mas nenhum deles como forma única de expressão pode ser considerado *performance*. Isso é típico do ideal pós-moderno, que erradica disciplinas categoricamente distintas[4].

A ideia da interdisciplina como caminho para uma arte total aparece na *performance* como uma espécie de reversão à proposta da *Gesamtkunstwerk* de Wagner. Na concepção da ópera wagneriana esse processo de uso de várias linguagens é harmônico: a música se integra com a dança, ambas são suportadas por um cenário, uma iluminação, uma plástica que se compõe num espetáculo total. Na *performance* – e a "ópera de Bob Wilson" é o melhor contraexemplo disto – utiliza-se uma fusão de linguagens (dança, teatro, vídeo etc.) só que não se compondo de uma forma harmônica, linear. O processo de

---

2. AGUILLAR, em roteiro de *A Noite do Apocalipse Final*, *performance* apresentada por Aguillar e a Banda Perfomática.
3. *Op. cit.*
4. SHEILA LEIRNER, *art. cit.*

composição das linguagens se dá por justaposição, colagem: na ópera *Einstein on The Beach* (1976)[5], por exemplo, a música que é composta por Philip Glass não é utilizada como marcação para dança; apesar de elas ocorrerem simultaneamente, a dança não coreografa a música. Cada elemento cênico do espetáculo tem um valor isolado e um valor na obra total (por exemplo: os móveis, que são especialmente desenhados para a peça, são apresentados isoladamente em galerias de arte), produzindo na sua integração uma leitura de maior complexidade sígnica, ao mesmo tempo que se evita a redundância da ópera wagneriana.

Na arte de *performance* vão conviver desde "espetáculos" de grande espontaneidade e liberdade de execução (no sentido de não haver um final predeterminado para o espetáculo) até "espetáculos" altamente formalizados e deliberados (a execução segue todo um roteiro previamente estabelecido e devidamente ensaiado).

A seguir, analisaremos, aprioristicamente, três exemplos de espetáculos que apresentam diferenças radicais entre si. Isto permitirá apontar alguns traços comuns que dão contiguidade entre trabalhos tão diferentes enquanto expressão.

1. New York (René Block Gallery) – Maio de 1974

A *"performance"*[6] se inicia no Aeroporto John Kennedy. Joseph Beuys[7] chega da Alemanha e desce do avião enrolado

---

5. Muitos dos conceitos e notas sobre o processo de criação de Bob Wilson vêm do curso de pós-graduação "Robert Wilson – Processos Criativos em Multimídia" elaborado pelo Professor Luiz Roberto Galizia que trabalhou diretamente com Bob Wilson e que constam de seu livro *Os Processos Criativos de Robert Wilson* lançado pela Perspectiva. A descrição da peça citada aparece em ROBERT STEARNS, *Robert Wilson – From a Theatre of Imagens*, pp. 47-52.

6. Estou usando o termo entre aspas porque mais adiante discutirei se este tipo de espetáculo pode ser classificado como *performance*.

7. Completamente avesso às instituições e à exploração das artes, considerado louco por muitos, Joseph Beuys, artista alemão, recentemente falecido, constitui-se, como lançador e executor de ideias, numa das mais importantes referências da contracultura. Antiacadêmico por natureza Beuys vai até o paroxismos para demonstrar suas ideias. Sua obra, de um realismo chocante, tem como objetivo um profundo humanismo. Para ele, a função da arte é revolucionar o pensamento humano, libertando o homem de suas amarrações. A descrição dessa *performance* e da obra de Beuys aparece em CAROLINE TISDALL, *Joseph Beuys*.

dos pés à cabeça em feltro (ele comenta mais tarde que esse material representava para ele um isolante tanto físico quanto metafórico). Do aeroporto, Beuys é carregado numa ambulância (ele já chega em más condições físicas por causa do feltro) para o espaço onde irá conviver com um coiote selvagem por um período de sete dias.

Durante esse tempo, os dois estiveram isolados de outras pessoas, sendo separados do público visitante da galeria por uma pequena cerca de arame. Os rituais diários de Beuys incluíam uma série de interações com o coiote (ver foto), onde eram "apresentados" objetos para o animal – feltro, uma bengala, luvas, uma lanterna elétrica e o *Wall Street Journal* (entregue diariamente). O jornal era rasgado e urinado pelo animal, numa espécie de reconhecimento, à sua maneira, pela presença humana.

Essa "*performance*" se denominou *Coyote: I Like America and America Likes Me*.

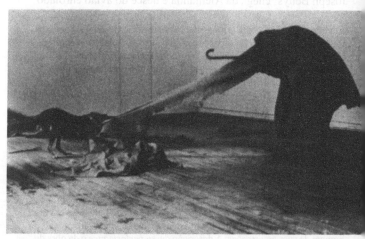

Coyote... – *Performance* de Joseph Beuys.

2. Paris (Centre Pompidou) – Abril de 1979

O grupo de Richard de Marcy apresenta a *performace Disparitions* (*Disappearances*). O roteiro dessa *performance* é baseado no poema *The Hunting of the Snark* (*A Caçada do Turpente*) de Lewis Caroll e o relato que apresentamos a seguir é transcrito da descrição de Patrice Davis[8]:

> Sentado frontalmente em bancadas o público observa, do andar de cima, o espaço da *performance*: uma larga extensão (230m^2) parcialmente inundada. Essa superfície aquática não alude à representação mimética de um rio ou um lago, mas, pelo contrário, define claramente, através da região artificialmente inundada, os limites utilizáveis como espaços da *performance*.
>
> Os objetos (barracas, carro, mesa, cadeiras, escrivaninhas) não são decididamente objetos náuticos: a disposição geométrica dos objetos, disfarçadamente aleatória, dá uma sensação de poder, de hierarquia[9].
>
> A superfície aquática dá uma impressão de um assustador vazio – o vazio da folha branca de papel antes do ato criativo – um vazio que os *performers* não tentam preencher com atividades e movimentos preestabelecidos.
>
> Os reflexos da água são projetados em três dimensões, que foram divididas, através de biombos, em numerosas telas posicionadas em diferentes direções, com o intuito de captar as imagens e sombras projetadas.
>
> Esse espaço, expandido em três dimensões, imediatamente sugere a metáfora de um espaço que deve ser preenchido com impressões visuais, de um espaço polimorfo a ser ocupado, e de uma partitura musical através da qual a *performance* irá fluir. Essa metáfora musical é rapidamente confirmada pela disposição espacial dos seis *performers*. Sob a direção do capitão, *metteur en scène* (diretor) e *metteur en abyme* (condensador de imagens) da história, eles se posicionam em frente a seus respecti-

8. "Performance Toward a Semiotic Analysis", *The Drama Review*, p. 94.
9. Isso pode ser observado na foto de abertura deste capítulo, referente à *performance* descrita.

vos instrumentos – num semicírculo, da esquerda para a direita, eles são: o padeiro, em frente a uma velha máquina de coser, o açougueiro, afiando sua faca numa meseta, o coureiro conscientemente enchendo a piscina de água; o capitão movendo-se de um "músico" para outro e organizando a caçada do turpente[10].

O texto, especialmente quando se refere ao *leitmotiv* do turpente, é dito sequencialmente pelas personagens, e em cada caso isso é feito através de uma composição específica de gesto, dicção e ação.

Como no poema de Lewis Carroll, o texto é dividido em oito espasmos ("crises") que contam as desventuras da tripulação.

Essa mesma divisão, repetida no espaço inteiro, produz o efeito de um *puzzle* composto de palavras, gestos e imagens.

3. São Paulo (VII Bienal de Artes de São Paulo) – Outubro de 1983

As *performances* que descrevemos a seguir[11] foram realizadas pelos integrantes do Grupo Fluxus especialmente convidados para VII Bienal. Elas se desenvolveram no andar térreo do edifício da Bienal, no que se denominou "espaços--fluxus", espaço esse não delimitado por luz ou qualquer outro tipo de marcação. Segue-se o relato do acontecido.

Num determinado instante, iniciam-se simultaneamente duas *performances*: Ben Vautier senta-se ao piano e fica dedilhando continuamente a mesma nota; a seu lado, Walter Marchetti senta-se numa cadeira e começa a juntar latas de alimento espalhadas a seus pés: à medida que suas mãos vão se enchendo de latas, estas começam a "escorregar" e ele recomeça a tarefa de pegar as latas. O "trabalho" realizado num gesto contínuo (como um Sísifo), somado à expressão do artista e ao som seco das latas caindo no chão, produz uma sensação de angús-

10. Na versão brasileira do poema de Carroll o neologismo *snark* (*snake* + *shark*) foi muito bem traduzido por Álvaro Antunes para turpente (Tubarão + Serpente). Em *A Caça ao Turpente*, Ed. Interior.
11. Estive presente nesse evento.

54

tia. Nesse instante Wolf Vostell inicia a sua *performance* provocando o deslocamento do público para um espaço vizinho. A sua *performance* consiste em atirar lâmpadas num anteparo de vidro (foto).

O ruído e a sensação de explosão produzem alívio e prazer na plateia, talvez pelo contraponto da *performance* anterior. O conjunto das *performances* apresentadas pelos Fluxus não dura mais que dez minutos.

formance de Wolf Vostell.

A partir desses três exemplos, podemos tentar estabelecer alguns traços de contiguidade que permitam caracterizar todos esses "espetáculos" como *performance*. Antes disso, seria interessante discutirmos, a nível de referência, duas definições de *performance*:

... teatro total, desafiando qualquer classificação porque inclui todas as artes, ou... uma arte ao vivo que é justamente o oposto da *Gesamtkunstwerk*...[12].

12. SALLY BANES, "Performance Anxiety", *The Village Voice*, 30.12.81, p. 27. Sally Banes é crítica de dança. In XERXES MEHTA, *Versions of Performance Art*, p. 192.

uma forma antiteatral na qual convivem ilusão com tempo real, personagem com pessoa, marcação com espontaneidade, o engenhoso com o banal. A ideia vale mais que a execução... É uma espécie de interarte...[13].

A nosso ver, essas definições são complementares e reforçam ideias apresentadas na Introdução deste trabalho. Pode-se considerar a *performance* como uma forma de teatro por esta ser, antes de tudo, uma expressão cênica e dramática – por mais plástico ou não intencional que seja o modo pelo qual a *performance* é constituída, sempre algo estará sendo apresentado, ao vivo, para um determinado público, com alguma "coisa" significando (no sentido de signos); mesmo que essa "coisa" seja um objeto ou um animal, como o coiote de Beuys. Essa "coisa" significando e alterando *dinamicamente* seus significados comporia o texto, que juntamente com o atuante ("a coisa") e o público, constituiria a relação triádica formulada como definidora de teatro.

Nesse sentido é fácil ver que a *performance* está muito mais próxima do teatro do que das artes plásticas, que é uma arte estática – é claro que é muito diferente observar uma figura humana interagindo com um coiote do que observar um quadro ou uma escultura[14].

Da mesma forma, quando a *performance* pende para um discurso visual – não verbal – composto a partir do movimento dos atuantes, é a *intenção dramática* que vai aproximá-la mais do teatro do que da dança. *Disappearances* é um bom exemplo disto, ficando caracterizada esta "teatralidade" tanto pela linguagem utilizada pelos *performers* (gesto, entonação, ação etc.) quanto pela composição da *mise en scène*.

13. BONNIE MARRANCA, "The Politics of Performance", *Performing Arts Journal*, 16, p. 62. Bonnie Marranca tem vários ensaios sobre a arte de *performance*. *Idem.*
14. Essa comparação não é totalmente precisa, na medida em que um quadro ou uma escultura também poderiam funcionar como *instalação* no contexto de uma *performance*. Na verdade, o que distancia a *performance* das artes plásticas e a aproxima do teatro é o contexto com que esses signos são introduzidos, contexto este que está ligado ao que se constitui na "linguagem teatral", que é composto de uma série de características como a dinamicidade, a tridimensionalidade, a atemporalidade etc.
É importante lembrar também que, como estamos tratando de uma conceituação topológica, estamos nos utilizando aqui de exemplos extremos.

Por outro lado, pode se considerar a *performance* uma linguagem antiteatral, na medida em que procura escapar de toda uma vertente teatral (e que é a mais aceita enquanto teatro) que se apoia numa dramaturgia, num tempo-espaço ilusionista e numa forma de atuação em que prepondera a interpretação (na medida em que se caminha em cima da personagem)[15].

Não obstante ser importante perceber por qual linguagem passa mais próximo a *linguagem híbrida da performance*, este tipo de distinção torna-se difícil e inoportuna em alguns casos, tanto pela já mencionada busca de integração das artes quanto pela característica "dionisíaca" (no sentido de se escapar do rótulo e da forma caracterizante) da *performance*. Um diretor como Bob Wilson, por exemplo, funde propositadamente as linguagens da dança e do teatro, sendo muito difícil dizer até onde vai uma e onde começa a outra.

A *performance* se estrutura, portanto, numa linguagem "cênico-teatral" e é apresentada na forma de um *mixed-media* onde a tonicidade maior pode dar-se em uma linguagem ou outra, dependendo da origem do artista (mais plástica no Fluxus, mais teatral em *Disappearances*).

Feitas essas distinções, podemos apresentar alguns traços que caracterizam a linguagem *performance* e que são comuns aos três espetáculos:

A *performance* não se estrutura numa forma aristotélica (com começo, meio, fim, linha narrativa etc.), ao contrário do teatro tradicional. O apoio se dá em cima de uma *collage* como estrutura e num discurso da *mise en scène.*

Em *Disappearances* temos um exemplo desse "discurso da *mise en scène*": os atores compõem caracteres que são carregadores de signos. Esses signos podem ser metamorfoseados durante a peça. O açougueiro e o cozinheiro, num determinado momento, se transformam em porcos e tomam contato com a água. A superfície inundada funciona como um hipersigno. Não existe linearidade temática e sim um *leitmotiv* que justifica o encadeamento da ações. O *leitmotiv* no caso é a caçada ao turpente, e o espetáculo se suporta com base em um discurso visual:

separado, solto do espaço e da continuidade lógica da ação, o discurso visual finalmente cria uma corrente que cativa a atenção porque

---

15. No Cap. 3 voltamos com mais detalhe a essa questão.

está separado do discurso linguístico e conectado com a estrutura da fantasia e da imaginação[16].

Na *performance* existe uma ambiguidade entre a figura do artista *performer* e de uma personagem que ele represente[17].

Na *performance* de Joseph Beuys quem está lá é o próprio artista e não alguma personagem. É importante distinguir, no entanto, que à medida que Beuys metaforicamente está representando (simbolizando) algo com suas ações, quem está lá é um "Beuys ritual" e não o "Beuys do dia-a-dia".

Para se compreender melhor esta questão, é interessante ter como referência a Teoria de Papéis. Os papéis que estão presentes não ficam apenas a nível da dicotomia ator-personagem. O que existe é uma multifragmentação, isto é, existem vários níveis de "máscaras".

O *performer*, enquanto atua, se polariza entre os papéis de ator e a "máscara" da personagem. A questão é que o papel do ator também é uma máscara. E é importante clarificar-se essa noção; quando um *performer* está em cena, ele está compondo algo, ele está trabalhando sobre sua "máscara ritual" que é diferente de sua pessoa do dia-a-dia. Nesse sentido, não é lícito falar que o *performer* é aquele que "faz a si mesmo" em detrimento do representar a personagem. De fato, existe uma ruptura com a representação, como demonstramos no capítulo seguinte, mas este "fazer a si mesmo" poderia ser melhor conceituado por representar algo (a nível de simbolizar) em cima de si mesmo. Os americanos denominam esta auto representação de *self as context*[18].

É lógico que o que Beuys faz na sua *performance* é diferente do seu fazer cotidiano. Não existe esse naturalismo na *performance* (aliás, o Naturalismo, enquanto movimento estético, é uma das tendências que sofre maiores ataques por parte dos praticantes de *performance*).

Esse processo de atuação seria semelhante ao dos índios que se "pintam" para ir à guerra ou às cerimônias religiosas.

16. PATRICE DAVIS, *Op. cit.*
17. No Capítulo 3 tratamos com detalhe esta questão.
18. RICHARD SCHECHNER, "Post Modern Performance – Two Views", *Performings Arts Journal*, p. 16.

É interessante observar a leitura que Beuys faz de sua *performance*:

Eu queria me concentrar somente no coiote. Eu queria me isolar, me distanciar, não ver nada da América além do coiote... e trocar papéis com ele.

Beuys escolhe o coiote selvagem como símbolo de perseguição aos índios americanos, assim como da relação que os Estados Unidos mantêm com a Europa[19].

Observa-se que, à parte de toda a "espontaneidade" que ocorre na *performance* de Beuys, existe uma preocupação de simbolização.

Os espetáculos de *performance* têm uma característica de evento, repetindo-se poucas vezes e realizando-se em espaços não habitualmente utilizáveis para encenações: a *performance* de Beuys, apesar de durar uma semana, só se realizou uma vez; a *performance Disappearances*, do que temos notícia, foi repetida só mais uma vez; da mesma forma as *performances-demonstração* do grupo Fluxus foram realizadas somente nessa Bienal.

Todas as três *performances* se realizaram em espaços de galerias, não sendo utilizados teatros. Esses espaços livres reforçam a tridimensionalidade e eliminam uma separação clara entre área do público e área do atuante.

Ideologicamente, a *performance* incorpora as ideias da não arte[20] e da chamada Arte de Contestação. As *performances* do Fluxus tentam reforçar a ideia, proposta por Marcel Duchamp, de que qualquer ato é um ato artístico, desde que seja contextualizado como tal, E nessa conceituação vai toda uma crítica aos estetas da arte (um vaso sanitário industrial vira um objeto de arte ao ser colocado numa galeria)[21].

As *performances* do Fluxus e de Joseph Beuys podem ser consideradas como uma vertente da arte de *performance* (não havendo sentido, portanto, para as aspas), que caminha em

19. ROSE LEE GOLDBERG, *Performance*: *Live Ari from 1909 to the Present*, p. 94.
20. Ver Cap. 1.
21. Esse tipo de *performance* caminha em cima da definição de Bonnie Marranca de que na *performance* o conceito é mais importante que a realização em si.

cima de uma "não intencionalidade" e do choque da ação direta. Por trás da ironia e do aparente despreparo desses espetáculos existe a crítica a uma arte instituída (e inútil, para estes), arte essa da qual se apossaram uma série de "profissionais" com finalidades pouco altruístas. É contestando toda essa cultura e, implicitamente, toda uma arte de concessão, compactuadora, que Joseph Beuys, artaudianamente, se imola em público, levando às últimas consequências sua metáfora artística.

Existe, em contrapartida, uma outra vertente de *performances*, em que se enquadra o espetáculo *Disappearances*, que tendem para uma maior formalização e rigorismo estético[22].

Da Criação: Livre-Associação e Collage como Estrutura

Conforme comentado, um dos traços característicos da linguagem da *performance* é o uso da *collage* como estrutura. Isto se dando tanto na elaboração final do espetáculo quanto no processo de criação.

Antes de aprofundarmos a análise da causa desta estruturação na *performance* – se pelo privilégio concedido à imagem sobre a palavra, se pelo processo de criação geralmente anárquico quando comparado ao de outras linguagens – devemos analisar a *collage* como linguagem em si.

Atribui-se a "invenção" da *collage* a Max Ernst, talvez tendo como inspiração a técnica dos *papiers collés*.

Numa primeira definição, *collage* seria a justaposição e colagem de imagens não originalmente próximas, obtidas através da seleção e picagem de imagens encontradas, ao acaso, em diversas fontes[23].

22. No Cap. 4 procuramos mostrar que é a transição do espetáculo mais espontâneo para o espetáculo mais formalizado que caracteriza a passagem do que se chamou *happening* para o que se tem denominado "*performance*". Nesse sentido, os espetáculos Fluxus e Beuys seriam mais um *happening* que uma *performance*.
23. Entende-se aqui, primeiro, porque *collage* não deve ser simplesmente traduzido por colagem. *Collage* caracteriza a linguagem e a colagem em si é apenas uma das partes do processo de criação que inclui a seleção, a picagem, a montagem etc. Em segundo lugar é fácil ver que essa definição é apriorística porque não é preciso acontecer materialmente todos esses processos (picagem, colagem etc.) para termos uma *collage*. Como num quadro surrealista, as figuras da *collage* podem ser imaginadas.

60

O ato de *collage é* por si só entrópico e lúdico – qualquer criança com uma tesoura na mão faz isso – possibilitando ao "colador" sua releitura de mundo. J. C. Ismael[24] coloca o fato de forma bastante poética:

> O colador enfraquece os deuses do Olimpo, separando uns dos outros, rearranjando-os à sua maneira, agindo como um Deus supremo capaz de impor sua vontade sem admitir a menor contestação. Para o colador a harmonia preestabelecida leva ao delírio. Cumpre-lhe buscar uma nova ordem para essa harmonia, resgatando-a das amarras prosaicas do cotidiano.

Nesse processo de "reconstrução" de mundo, geralmente, vão se justapor imagens que na realidade cotidiana nunca apareciam juntas (no quadro de Max Ernst, O *Sangue*, um homem segura uma mulher nua cravando uma espada no seu pé; a cabeça do homem não é humana, é a de uma águia).

A obra de René Magritte (que influenciou decisivamente artistas como Bob Wilson e Pina Baush) é um exemplo claro desse processo de criação. A busca obsessiva em sua obra é a de

liberar os objetos de suas funções ordinárias, alterar as propriedades originais dos objetos, mudar a escala e a posição dos objetos, organizar encontros fortuitos, desdobrar imagens, criar paradoxos visuais, associar duas experiências visuais que não podem ocorrer simultaneamente[25].

Essa união de antinomias, como no quadro *Les Vacances de Hegel* de Magritte (uma brincadeira com Hegel, por causa da dialética), onde aparece um copo de água cheio até a metade sobre um guarda-chuva aberto (juntando-se, segundo Magritte[26], dois objetos opostos – um que repele e outro que contém a água), cria um "estranhamento visual". Este "estranhamento" tem pelo menos duas funções: uma, como a idealizada por Brecht, é a de, ao "destacar" um objeto de seu contexto original, forçar uma melhor observação do mesmo. A segunda, mais próxima dos surrealistas (principalmente da

24. J. C. ISMAEL, "*Collage* em Nova Superfície", O *Estado de S. Paulo*, p. 9.
25. HARRY TORCZYNER, *Magritte, Signes et Images*.
26. HARRY TORCZYNER, *op. cit.*, pp. 50-51.

linha patafísica), é a de criar novas utilizações para o objeto em destaque, além da função inicialmente definida.

O artista recriando imagens e objetos continua sendo aquele ser que não se conforma com a realidade. Nunca a toma como definitiva. Visa, através de seu processo alquímico de transformação, chegar a uma outra realidade – uma realidade que não pertence ao cotidiano. Essa busca é uma busca ascética talvez, a do encontro do artista, criador, com o primeiro criador.

A técnica de *collage* como criação é muito semelhante aos processos, descritos por Freud em *A Interpretação dos Sonhos*[27], utilizados pelo inconsciente na elaboração onírica: por exemplo, na *performance Disappearances*, numa determinada cena em que o protagonista está atirando, ouve-se o som de uma máquina de escrever batendo, e não o tiro. Nessa pequena cena, ocorrem três processos – condensação (*verdichtung*) com a junção de uma imagem (o homem atirando) com um outro som (o da máquina de escrever) e não seu som característico, deslocamento (*verschiebung*), que se dá porque o som de máquina de escrever remete a alguém escrevendo, e elaboração secundária que vem a ser a interpretação do que significa a intromissão do escritor-autor nessa cena específica.

A utilização da *collage* na *performance* resgata, dessa forma, no ato de criação, através do processo de *livre-associação*, a sua intenção mais primitiva, mais fluida, advinda dos conflitos inconscientes e não da instância consciente crivada de barreiras do superego.

Entra-se, com esse processo, na linha da pintura automática dos surrealistas, da prosa automática dos escritores *beats* (solta, sem preocupação estilística), da improvisação *bop* dos jazzistas.

Essa arte, tomando-se aqui a dialética freudiana, caminha em cima do princípio do prazer (dionisíaco) e não do princípio de realidade (apolíneo)[28]. O princípio de realidade já diz respeito a toda uma "realidade" cotidiana, e é esse o erro, a nosso ver, de todo um teatro racionalista que repete esse caminho,

27. Sigmund Freud, *Obras completas*, Rio, Imago.
28. A associação com os termos "dionisíaco" e "apolíneo" é minha. Como já conceituamos anteriormente, estamos falando de modelos teóricos. A *performance* não é totalmente dionisíaca: a organização síguica é claramente apolínea (ligada à realidade).

62

não liberando, como diz Artaud[29], as "potências vitais" do homem. A arte e todo processo de salto de conhecimento deve constituir-se de uma parcela de não intencionalidade, de não deliberação. É necessário penetrar o desconhecido para se descobrir o novo.

Duas observações são importantes a partir dessas colocações:

Primeiro que não existe esse "fluxo criativo" direto do inconsciente. A chamada "prosa automática" é uma abstração; para algo se "materializar" em criação, esse algo já passa pelo crivo do consciente, já nasce híbrido. Pode-se falar portanto em graus de criação inconsciente e um desses processos extremos é o de artistas que criam em estado de semiconsciência ou utilizando-se de impulsos subliminares[30].

Não há também, como coloca Jacó Guinsburg, o elemento dionisíaco sem o apolíneo. Uma "criação" dionisíaca só se corporifica através de uma "forma" apolínea. Um não existe sem o outro, como na imagem *Tao* não existe o *yin* sem o *yang*. É a união das antinomias.

O que se pode falar é em grau de entropia (extrapolaremos o conceito de entropia para medida do elemento dionisíaco). Podemos portanto falar que uma *performance* como *Disappearances* é certamente mais entrópica, tanto no processo de criação quanto no processo de encenação, que a montagem de um *Édipo*, por exemplo[31].

A segunda observação diz respeito ao processo de distanciamento – que se obtém a partir da utilização da *collage* como estrutura. Esse distanciamento, produzido pela recriação da realidade (como no exemplo citado – um homem com cabeça de águia) não vai provocar uma separação entre vida (no que diz respeito aos acontecimentos cotidianos) e arte, mas, pelo contrário, vai possibilitar a estimulação do aparelho sensório para outras leituras dos acontecimentos de vida. A arte funcionaria, dessa forma, como uma chave para uma *decodificação*

29. *O Teatro e seu Duplo.*
30. Bob Wilson compõe alguns de seus textos escutando televisão, em estado de meditação.
31. A título de exemplo tomamos como comparativa a montagem de *Édipo* realizada em São Paulo, em 1983, sob a direção de Marcio Aurélio, por ter sido premiada como melhor espetáculo teatral do ano, e por ser um espetáculo que se enquadra na estrutura tradicional do teatro.

mágica da realidade, constituindo-se segundo o pensamento esotérico, num dos quatro caminhos para a verdade ao lado da religião, da filosofia e da ciência.

A *collage* traz em seu caos aparente um desvelamento:

Se abordarmos a *collage* ingenuamente, ela nos parecerá cifrada, escrita num código só acessível aos iniciados, apesar de as partes que a compõem nos serem familiares: um tronco nu de mulher, um relógio, um pássaro. Porém, o que o colador propõe não é um enigma, mas uma desvelação. Ele nos ajuda a levantar o Véu de Maya, que transforma as coisas em silhuetas e abafa com a mesma indiferença os gritos de alegria e desespero.

Ou como diz Vilém Flusser[32]:

Se a *collage* evoca, por exclusão – e recusa, portanto, por definição –, o mundo codificado, ela impõe, por justaposição – e, portanto, por síntese –, releitura de tal mundo". Isso porque a síntese proposta pela *collage* não é um fim em si mesma, mas incita a desmembramentos infinitos, que são as possibilidades de reler o mundo.

A utilização da *collage*, na *performance*, reforça a busca da utilização de uma *linguagem gerativa* ao invés de uma *linguagem normativa*: a linguagem normativa está associada à gramática discursiva, à fala encadeada e hierarquizada (sujeito, verbo, objeto, orações coordenadas orações subordinadas etc.). Isso tanto ao nível do verbal quanto ao nível de imagético. Na medida em que ocorre a ruptura desse discurso, através da *collage*, que trabalha com o fragmento, entra-se num outro discurso, que tende a ser gerativo (no sentido da livre-associação)[33].

O processo de *collage*, na *performance*, reforça também a importância do colador (no caso o encenador), que passa a ser o elemento preponderante do processo.

Existe também uma analogia entre o processo de montagem na *performance* e o processo cinematográfico:

32. J. C. ISMAEL, *op. cit.*
33. É importante lembrar que essa transformação de linguagem desencadeia uma série de modificações, tanto no processo de criação, quanto no processo de cognição, por parte do espectador (que passa a ser mais subliminar, menos racional). Da mesma forma que mexe com todo o processo de educação, se lembrarmos a discussão que aponta o fato de todo discurso (normativo) ser um discurso fascista (na medida em que propõe uma hierarquização rígida de estrutura).

A essência da *collage* é promover o encontro das imagens e fazer-nos esquecer que elas se encontram. O mesmo raciocínio, aliás, que preside a montagem cinematográfica: um filme nada mais é do que a colagem de milhares de pedaços aproveitados de outros milhares que foram jogados fora[34].

Essa analogia com o processo cinematográfico, em que algumas *performances*, como *Disappearances*, tendem para um discurso totalmente visual de efeitos da *mise en scène*, faz com que certos diretores-encenadores trabalhem com o sistema de *storyboard*. O *storyboard* funciona como um texto de imagens, onde o *script* contendo as cenas é inteiramente desenhado antes de ser produzido. Dessa forma o *storyboard* vai servir de suporte para o trabalho do encenador, da produção, para os artistas cênicos (figurinistas, cenógrafos etc.), para os *performers* e outros artistas envolvidos na montagem. Existe também uma semelhança entre esse processo e a linguagem de história em quadrinhos.

O uso do *storyboard* facilitará inclusive a venda e a veiculação do espetáculo, passando esse "texto de imagens" a substituir o texto dramatúrgico como material referencial. Alguns grupos que trabalham com esse processo são o Mabou Mines e a Byrd Hoffman Co. de Bob Wilson.

Da Utilização dos Elementos Cênicos:
O Discurso da Mise en Scène

Na arte de *performance* a relação entre os diversos elementos cênicos (atores, objetos, iluminação, figurinos etc.) vai ter uma valorização diferente que no teatro[35].

Ao contrário deste, na *performance* não vai haver uma hierarquização tão grande dos elementos. A cena não é necessariamente do ator, e este passa a ser um elemento a mais do

---

34. J. C. ISMAEL, *op. cit.*
35. Estamos tomando para comparativo o teatro apoiado na dramaturgia onde a função principal é a de "passar o texto" e "mostrar as personagens".

espetáculo. Uma cena inteira pode ser desenvolvida por um objeto (na *Eletroperformance* de Guto Lacaz, que descreveremos a seguir, um rádio é o personagem único de um quadro). A iluminação, a sonoplastia etc. podem passar de simples fundo (por exemplo, uma iluminação de marcação, que só tem a função de "acompanhar" os atores) para centro de alguns quadros na *performance*[36].

O espetáculo vai sendo montado a partir de quadros ou *sketc.hes* num processo que se assemelha ao construtivismo proposto por Meyerhold.

Essa forma de construção, que privilegia a forma, a estrutura, em detrimento do conteúdo e da linha narrativa, permite que se alinhe a *performance* com o chamado *teatro formalista*, estruturalista[37].

Esse tipo de construção de cenas, estruturado por *collage* e ao mesmo tempo trabalhando com "resignagem"[38], vai criar em algumas *performances* (como *Disappearances*) a obra aberta, labiríntica, acessível a várias leituras.

O uso de multimídia cria o que Schechner[39] chama de *mutiplex code* que vem a ser o sinal captado a partir de uma emissão multimídica, reforçando esse efeito da "resignagem".

A eliminação de uma cena mais concreta na *performance* ("concretitude" no sentido aristotélico, em termos de um espetáculo com início, meio, fim, texto, mensagem etc.) não vai

---

36. Isso é marcante nas óperas de Bob Wilson. Em *Death Destruction & Detroit* (1979) o principal elemento de uma cena é uma lâmpada gigantesca mostrada à frente, enquanto ao fundo o nazista Rudolf Hess dança feliz pelo nascimento de seu filho. É importante ressaltar que a arte de *performance*, ao eliminar o processo de texto narrativo e da rígida construção de personagens características do teatro, coloca alguma coisa em troca, ou seja, um "espetáculo de efeitos" e a habilidade inusitada dos *performers*.
37. Esse termo é utilizado por THEODORE SHANK, *American Alternative Theater*.
38. A "resignagem" seria a utilização combinada de diversos tipos de signos que são retransformados através de processos como amplificação, multiplicação, inversão etc. Em *Shaggy Dog Animation* (1978) do grupo Mabou Mines, este processo é utilizado: Rose é um cachorro, mas é representada por uma boneca; trabalha-se com a *persona* dissociada e com os "fragmentos da linguagem". Maiores detalhes em SILVERE LOTRINGER, *Trans Semiotic Analysis*: *Shaggy Codes*, pp. 88-94.
39. RICHARD SCHECHNER, "Post Modern Performance: Two Views", p. 13.

impedir e, ao contrário, vai aumentar a carga dramática, dando à *performance* a característica de um *drama abstrato*.

A eliminação de um discurso mais racional e a utilização mais elaborada de signos fazem com que o espetáculo de *performance* tenha uma leitura que é antes de tudo uma leitura *emocional*. Muitas vezes o espectador não "entende" (porque a emissão é cifrada) mas "sente" o que está acontecendo.

Na *performance* a intenção vai passar do *what* para o *how* (do *que* para o *como*)[40]. Ao se romper com o discurso narrativo, a história passa a não interessar tanto, e sim como "aquilo" está sendo feito.

Essa intenção reforça uma das características principais da arte de *performance* e de toda a *live art*, que é o de *reforçar o instante e romper com a representação*[41]. Trata-se de trabalhar com as dialéticas – *stage time* × *real time*[42] e *performer* × *personagem*.

Como isso vai se dar na prática? Reforçando-se as chamadas tarefas de palco. Por exemplo, na *performance A Wall in Venice/3* de Alan Finneran[43] uma *performer* fica fazendo inúmeros desenhos no palco, repetindo várias vezes essa tarefa. Num determinado momento a tendência é de que a plateia passe a observar mais como ela está fazendo aquilo e não o porquê daquela ação. Fica claro que a habilidade é dela, da *performer*, e não de uma personagem que ela esteja "representando". Naquele instante, ela está trabalhando em cima do *real time* (enquanto não "acertar" os desenhos a peça não continua).

Essa atuação no *real time* acontece também na *performance* Fluxus, do homem catando as latas, ou na *performance* de Beuys, onde este é mordido pelo coiote. Ambos não estavam "representando", embora, como já comentamos, esses atos estivessem revestidos de um caráter simbólico. Podemos falar então em "níveis de simbolização" e "níveis de realida-

40. RAKESH SOLOMON, "Alan Finneran's Performance Landscape", pp. 95-106.
41. Ver Cap. 3.
42. Literalmente "tempo de palco" (tempo cênico) e "tempo real"; o primeiro é o tempo ficcional, tempo da representação. Diz respeito à personagem. O "tempo real" diz respeito ao que efetivamente está acontecendo no momento. É o tempo do ator. Essa terminologia é introduzida por XERXES MEHTA, *Some Versions of Performance Art*.
43. RAKESH SOLOMON, "Alan Finneran's Performance Landscape".

de". (Na montagem do *Édipo*, tudo é simbólico, se reportando ao *stage time.*)

Talvez o exemplo mais claro dessa ruptura com a representação seja o do circo (que também pode ser entendido como um tipo de *performance*). Quando o atirador de facas atua, ele não está "representando", não está fazendo nenhuma personagem. Ele está praticamente atuando no *real time*. Talvez o *risco* nesse caso é que esteja trazendo mais "realidade", mais "vida", para esta cena (na medida em que se trabalha com o imprevisto).

Ao se analisar a utilização dos elementos cênicos na *performance* cabe especial atenção para o uso do *texto* (verbal). Por uma série de razões que explicitaremos a seguir, pode-se dizer que o texto se transforma em mais um elemento da *mise en scène*.

Em uma série de espetáculos o texto é simplesmente eliminado, por isso se tem chamado essa linguagem de *silent theatre*; quando se utiliza o texto, na *performance*, ele não vai ser narrativo; em muitos casos, o texto estará sendo utilizado muito mais pela sonoridade que pelo seu conteúdo (utiliza-se o texto enquanto significante e não significado) funcionando como uma *sound poetry*[44].

Em alguns casos, o texto chega a se transformar num *texto paisagístico*, adquirindo características de cenário, como uma cor, uma luz ou um efeito especial: ele é transmitido simultaneamente com uma série de outras coisas, compondo um todo da *mise en scène*, sem haver, ao mesmo tempo, uma preocupação essencial com sua intelecção. Talvez o melhor exemplo desse tipo de utilização de texto seja a "ópera" de Bob Wilson: alguns de seus espetáculos são bastante verborrágicos, mas a inserção do texto, como veremos, é basicamente arquitetônica.

Analisaremos a seguir alguns trechos das "peças-óperas" *The $ Value of Man* (1975) e *I Was Sitting on my Patio this Guy Appeared I Thougt I was Hallucinating* (1977) de Bob Wilson[45].

---

44. Poesia sonora.

45. O texto de *The $ Value of Man* ("O Valor em Dólares do Homem") pode ser encontrado em ROBERT WILSON, *$ Value of Man, Theater*, Yale School of Drama, pp. 90-109. O texto de *I Was Sitting... / Was Hallucinating* (Eu Estava Sentado no Meu Pátio, Esse Rapaz Apareceu, Eu Pensei que Estava Alucinando) pode ser encontrado em ROBERT WILSON "I Was Sitting... I Was Hallucinating", *Drama Review*, pp. 75-78.

Antes de entrarmos na análise dos "textos", é importante falar-se um pouco do processo pelo qual eles foram criados. *The $ Value of Man* foi quase que totalmente escrito por Christopher Knowles. Christopher é um autista que através de um longo trabalho terapêutico com Bob Wilson teve condições de adaptar-se a uma vida razoavelmente normal.

Está provado que os autistas têm maior desenvolvimento do hemisfério direito do cérebro, em detrimento do esquerdo. Isso lhes confere maior visualidade espacial em detrimento do encadeamento lógico do discurso.

O hemisfério direito está relacionado com o senso modelar e pictórico. Ele controla as funções geométricas e espaciais, É o hemisfério direito que organiza os processos gestálticos e a memória de imagens, a chamada memória *holística*.

Cabe ao hemisfério esquerdo o controle do pensar analítico e sequencial, bem como a aprendizagem do código verbal. Alguns pesquisadores chamam o hemisfério direito do cérebro, que é mais desconhecido pela ciência, de hemisfério dos artistas[46].

É importante falar desse hemisfério holístico, porque a *performance* como um todo – tanto a nível de criação, quanto de cognição – está muito relacionada com esses processos (poder-se-ia dizer, em contraposição, que o teatro racionalista trabalha mais com o outro hemisfério).

Christopher Knowles tem seu hemisfério direito muito mais desenvolvido, o que lhe permite dizer frases inteiras ao contrário, ou como um computador, ir cortando letras de seu discurso[47].

Nas Pranchas 1 e 2 que se seguem apresentamos trechos de *The $ Value of Man*. O texto foi compilado por Cindy Lubar, que trabalha como atriz na companhia de Bob Wilson.

As falas do texto são encadeadas na forma que apresentamos: em estrofes de 16 frases, ou múltiplos desse número. A numeração que antecede as frases faz parte do texto.

Os desenhos que foram feitos para delinear a forma dos textos servem para demonstrar a preocupação arquitetônica de Bob Wilson.

46. Para uma leitura inicial sobre a questão dos hemisférios cerebrais, pode ser consultado o livro de fisiologia de JOHN ECCLES, *O Conhecimento do Cérebro*, São Paulo, Atheneu Editora/EDUSP, 1979.
47. As informações sobre Knowles foram obtidas com Luiz Roberto Galizia.

Prancha 1

1) oh no you wont't
   oh no you wont't

2) well ok
   well ok

3) well I dont't know
   well I dont't know

4) well your're part of the family
   well your're part of the family

5) well yeah I guess I am
   well yeah I guess I am

6) welt it it its a lot of responsability
   well it it its a lot of responsability

7) what's the matter
   what's the matter

8) well I don't want Janey to know this
   well I don't want Janey to know this

1) you're right
2) and you're wrong

1) you're right
2) and you're wrong

1) you're right
2) and you're wrong

1) you're right
2) and you're wrong

1) you're right
2) and you're wrong

1) you're right
2) and you're wrong

Prancha 2

1) oh no
2) oh yes
3) well you have to have some place to go
4) no

1) oh no
2) oh yes
3) ok take me out I'm through
4) a boy
5) a boy
6) a boy
7) a boy
8) a boy
9) a boy
10) a boy
11) a boy
12) a boy
13) a boy
14) a boy
15) a boy
16) a buoy

1) a boy
2) a boy
3) a boy
4) a boy

1) a boy
2) a boy
3) a boy
4) a boy
5) a boy
6) a boy
7) a boy
8) a boy
9) a boy
10) a boy
11) a boy
12) a boy
13) a boy
14) a boy
15) a boy
16) a boy

1) since when can you write letter
2) since when can you write lette
3) since when can you write lett
4) since when can you write let
5) since when can you write le
6) since when can you write 1
7) since when can you write
8) you and me should scadattle back home
9) since when can you writ
10) since when can you wri
11) since when can your wr
12) since when can you w
13) since when can you
14) since when can yo
15) since when can y
16) I just like big girls

1) I'm not expecting anyone
2) since when can
3) since when ca
4) since when c
5) since when
6) since whe
7) since wh
8) Uncle Jay you can't call me on the phone
9) since w
10) since
11) since
12) sine
13) sin
14) si
15) s
16) I aint't never gonna say a bad word about nobody

O texto de *Patio* foi composto por Bob Wilson. O processo de criação foi o de ir escutando vários canais de televisão simultaneamente (girando o dial de tempos em tempos) e a partir daí colher fragmentos do que estava sendo falado. Para se entender melhor a forma com que foi utilizado esse texto, descreveremos resumidamente como aconteceu essa *performance*[48]:

Prólogo. O público está entrando, o palco está escuro, apenas um *spot* ilumina um telefone que toca sem parar. *Blackout.* As luzes começam a se acender em resistência e o telefone para de tocar. Um homem (Bob Wilson elegantemente) trajado está sentado, absorto, em silêncio. O espaço da sala está totalmente iluminado, e através de efeitos se tem uma sensação de um espaço amplo e vazio. *Blackout.* Início do primeiro ato. A luz sobe em resistência, o homem continua sentado, só que o espaço do fundo se transformou numa biblioteca, repleta de livros. O homem começa a falar, sem impostação de voz, com auxílio de um microfone escondido na lapela. Em paralelo ao som do texto ouve-se, ao fundo, o som de um piano. Fim do primeiro ato. *Blackout.* Início do segundo ato. Repete-se a cena do quadro inicial. Agora há uma mulher (Lucinda Childs) que está sentada, absorta, com um cenário vazio atrás dela. Novo *blackout.* O cenário se transforma na biblioteca. Repete-se todo o texto do primeiro ato, a mulher também usa um microfone escondido, só que gesticula mais e dá um tom de maior angústia ao seu discurso. Ao fundo, ouve-se o som de cravo. No final do segundo ato, à medida que o texto vai sendo falado, o cenário da biblioteca lentamente vai se desmanchando no cenário vazio, enquanto se ouve distante o barulho de mar.

---

48. A descrição dessa cena está em ROBERT WILSON, *I Was Sittin... I Was Hallucinating, op. cit.* Esta peça é quase que totalmente diferente dos outros trabalhos de Wilson; não há grandes efeitos de cena, apenas duas pessoas trabalham – uma delas, o próprio Bob Wilson – apresentando-se como *performer.* Na Prancha 3 apresentamos um trecho da peça.

Prancha 3

ACT I

I was sitting on my patio this guy appeared I thought I was
hallucinating
I was walking in an alley
You are beginning to look a little strange to me
I'm going to meet them outside
have you been living here long
NO just a few days,
would you like to come in
sure
would you like something to drink
nice place you've got
dont't shoot don't shoot
and now will you tell me how we're going to find our agents
might as well turn off the motor and save gas
dont't just stand there go and get help
I've never seen anything like it
what are you running away from
(you)
you
has he gotten here yet
has who gotten here yet
NO
what would you say that was
(what would you say that was)
1 2 5
(1 2 5)
   very well
   (very well)
   play opposum
   (play opposum)
   open the doors
   (open the doors)
   one you all set
   (one you all set)
   go behind the door
   (go behind the door)
(now is the time to get away) (nov is the time to get away)
1 and 2
(1 and 2)
I'll be with you in just a minute
I'll be with you in just a minute
I'll be with you in just a minute
(I'll be with you in just a minute)
(oh hello that's just the call I was waiting for)

       . . . .

       . . . .

Na análise desses dois "textos" podemos levantar algumas características que se repetem e são de certa forma representativas do uso que se faz do texto na arte de *performance*.

A *repetição* como elemento constitutivo talvez seja uma das características mais marcantes da *performance*. No uso dessa repetição busca-se um "efeito zen", à medida que a fala continuamente repetida vai criando o som de um mantra, hipnótico, que conduz a outros estados de consciência (o chamado estado ∝).

Essa repetição provoca também uma emissão de mensagem subliminar, que irá ocasionar uma cognição diferente por parte do receptor. Como já observamos, essa repetição não se dá só a nível de palavra, mas também de imagens (em *Patio*, por exemplo, todas as marcações são repetidas no primeiro e no segundo ato).

As falas do texto são absolutamente comuns, podendo, por isto, ser fragmentos de qualquer tipo de discurso. Isso reforça a ideia de obra aberta, com o texto funcionando como matriz de um conjunto de possibilidades.

Estas falas, ao mesmo tempo, estão carregadas de um forte apelo emocional ("well I don't want Janey to know this", "I've never seen anything like it", "what are you running away from").

Algumas falas simples e repetitivas, construídas por Knowles ("you're right and you're wrong") aludem às brincadeiras de linguagem propostas por Gertrude Stein (uma rosa é uma rosa é uma rosa...), têm também um "q" da lógica alógica de Lewis Carroll (o que não é de estranhar, por terem sido compostas por um "louco"). Podem ser comparadas também aos poemas (na forma de *haikais*) de Heráclito.

Outro aspecto fundamental do uso da fala na arte de *performance* é que dificilmente um texto é dito sem o uso de aparelhagem eletrônica. Raramente, como no teatro, um ator fala com sua voz livre impostada.

A fala ou é apoiada em microfone ou é apresentada (em *off* ou em cena) através de gravadores. Alguns outros exemplos dessa fala eletrônica, além de Wilson, são as *performances United States* de Laurie Anderson, *Shaggy Dog* do Mabou Mines, e *Southern Exposure* de Elisabeth LaCompte.

A principal razão para essa "eletronificação", a nosso ver, é que a arte é reflexo do tempo, do *modus vivendi* de uma sociedade; estamos em plena era da eletrônica, da cibernética. O som que fica no subconsciente é o som da mídia – o som da televisão, do rádio, da música eletrônica, do computador.

Outro aspecto importante, e talvez Wilson seja o criador que tenha levado isto ao extremo, é o uso arquitetônico do texto. Como podemos ver na Prancha 2, o texto forma figuras retangulares, triangulares etc.

Essa forma geométrica, que lembra a poesia concreta, vai ter um outro uso no caso (porque o texto está sendo falado, não visto) que é de equacionar os tempos das cenas – o texto vai ajudar na marcação para divisão dos quadros.

Por último, pode se fazer uma associação entre esse tipo de texto, fragmentado e desconexo enquanto estrutura, com o texto do Teatro do Absurdo. E não é sem motivo; para Bob Wilson, Beckett é um grande inspirador e um dos poucos dramaturgos com quem demonstrou interesse em realizar uma montagem.

Essa recusa de utilizar o texto enquanto significado (pelo menos significado referencial) diz respeito à inutilidade que toda uma cultura tem aos olhos de tais artistas (os anos 80) são marcados pelo niilismo, não há mais discurso a ser feito) e a um fenômeno que pode ser denominado de *esvaziamento da palavra*, a falência do discurso.

O discurso é inútil, mentiroso, encobridor (e isso se consubstancia com as descobertas de Freud). Quando esses artistas fazem uso da palavra eles o fazem no seu sentido mais primitivo, mais léxico.

A propósito de Freud, o que se instaura através desse "esvaziamento da palavra" é a dicotomia *natureza x cultura*[49]. A discussão é sobre a validade do código cultural, ou sobre até que ponto a linguagem pode servir como leitura de mundo, descrevendo as fruições e as sensações mais íntimas do ser?

Ou, como sugere Bob Wilson em *Patio*, todo discurso é orobórico, fechado e as efêmeras palavras e livros irão lentamente se desmanchando no vazio ao som do movimento contínuo e eterno do mar.

---

49. Esta dicotomia é básica na obra freudiana.

Estudo de Casos: *Do Ritual ao Conceitual como Expressões de* Performance

Para efeito de estudo de caso, tomaremos como objeto de análise duas *performances* que acompanhamos. O critério para seleção desses dois trabalhos, dentre o conjunto de *performances* assistidos (ver fontes textuais), foi que o *Videoteatro* de Otávio Donasci e a *Eletroperformance* de Guto Lacaz, além de apresentarem um alto nível de qualidade, resumiam, tanto pelas semelhanças quanto pelas diferenças, características globais da arte de *performance*.

Um outro fator de escolha desses dois trabalhos é que eles representam tendências bastante diferentes dentro da arte de *performance*, no que tange à relação com o público e à maneira com que se trabalha com a "significação". A ideia é que, além da já comentada variação entre espetáculos mais espontâneos e espetáculos mais deliberados, a *performance* abriga dentre seu leque de tendências, num extremo, o espetáculo totalmente desmitificado, onde se brinca com a convenção e se "mostra" a representação – chamaremos esse tipo de trabalho, cujo exemplo é a *Eletroperformance*, de espetáculo conceitual – e no outro extremo o espetáculo que se aproxima do mítico, do ritualístico, não havendo "decomposição" da cena. O exemplo para esse tipo de trabalho, que chamaremos de espetáculo ritual, é o *Videoteatro*.

A seguir descreveremos e analisaremos as duas realizações.

Aproximação de um Espetáculo Ritual –
O Videoteatro *de O. Donasci*

Local: Galeria de Arte São Paulo
Data: Maio de 1982
O local da *performance* é uma galeria de arte moderna. O espaço é amplo, dividido em dois pavimentos: o térreo, maior, com uma área retangular, e o segundo pavimento, ligado ao térreo por escada, assemelhando-se a um mezanino de corredores.

A arquitetura do edifício permite que de qualquer lugar da galeria seja possível se observarem todos os espaços desta. As cores brancas e o material usado no ambiente transmitem uma sensação de "moderno".

76

O público é de aproximadamente cinquenta pessoas. Estão todos concentrados no andar térreo da galeria, alguns sentados em bancadas móveis dispostas no espaço e o restante em pé. Não existe nenhum efeito de luz e a iluminação é branca, com a luz ambiental da galeria.

Início da *performance*: surge uma "criatura" no andar de cima. Trata-se de um "ser" de dois metros de altura, totalmente vestido de preto, com uma "cabeça" que, à distância se assemelha a um aparelho de televisão. A criatura inicia uma fala, em português, e em seguida põe-se a cantar. A voz soa metálica, maquinal, o ser se parece a algo inumano, apesar de sua forma antropomórfica (ver foto 78).

A primeira impressão causada com a aparição da "criatura" é de um misto de curiosidade e medo (talvez pelo seu tamanho). As pessoas no térreo se locomovem no espaço para acompanhar as evoluções da "criatura". O "ser" permanece uns dez minutos em cima e em seguida começa a descer as escadas. Alguns metros atrás "dele" desce um outro elemento, vestido de preto (contrarregra), carregando fios e um gerador de TV.

Apesar de a "criatura" ser aparentemente monitorizada, ou melhor, ser ligada a alguma fonte que dá vida, ela dá a impressão de ter vida própria. Assemelha-se, talvez pelo seu tamanho, a um totem: *um totem eletrônico*.

À medida que vai descendo, o "ser" continua seu discurso acompanhado de gestos com os "braços". A sua chegada ao térreo causa medo no público, provocando um esvaziamento à sua passagem. Nesse momento a "criatura" busca um canto do espaço, senta-se, e começa a discorrer sobre sua solidão, chegando ao choro e despertando piedade.

Com a consequente aproximação do público, a "criatura" se levanta, passa a cantar um tango e "agarra" uma menina do público – que está mais próxima – passando a dançar freneticamente o tango com ela, ao som de seu próprio canto. Terminada a dança, o "ser" retira-se para um canto do espaço, faz um discurso final e seu rosto desaparece.

Na frente do público a "criatura" começa a ser "desmanchada". É o tempo de sair de um envolvimento míti-

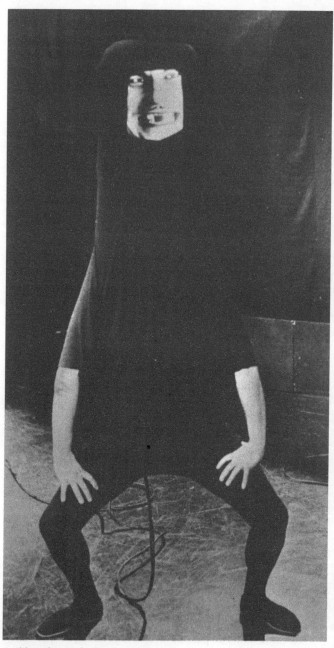

A videocriatura de Otavio Donasci.

co[50] e voltar-se para uma observação normal. O tempo real (do relógio) da *performance* foi de aproximadamente trinta minutos, o tempo mítico foi nitidamente superior.

Ao se desmanchar a "criatura", entendemos como ela foi construída: um *performer* (o próprio Otávio Donasci) mantém, através de um suporte colocado sobre seus ombros e cabeça, um aparelho de televisão que passa a ser a "cabeça" da "criatura". "Corpo" e "cabeça" se integram pela vestimenta (um pano preto que esconde o suporte – ver foto).

Nesse momento, entende-se também que toda a imagem que apareceu no "rosto da criatura" foi pré-gravada, pois o rosto que aparecia na tela era de outra pessoa (o ator Osmar di Pieri) e este não se achava presente no espaço, sendo captado por uma câmera.

Aproximação de um Espetáculo Conceitual –
A *Eletroperformance* de Guto Lacaz

Local: Ponderosa Bar (São Paulo)
Data: junho de 1983

O local da *performance* é um café-teatro que tem, no segundo andar, uma pequena sala de espetáculos. A sala é dividida em um pequeno palco e um espaço (sem cadeiras) para o público.

O público é de aproximadamente setenta pessoas e a *performance* acontece somente nesse dia, no horário especial das 24 horas.

O espetáculo divide-se em quadros (num total de 14), cada um tendo como base um aparelho elétrico, uma ideia e um clima determinado.

O espetáculo é apresentado por dois *performers*: Guto Lacaz e Cristina Mutarelli. Ambos vestem aventais brancos e usam óculos *punk*.

---

50. Aprioristicamente podemos definir a "relação mítica", em contraposição com a "relação estética", como sendo aquela em que não existe um distanciamento claro entre o objeto e o espectador. No Cap. 4 aprofundaremos a discussão dessas relações.

À medida que os dois vão mexendo com os aparelhos elétricos, temos a impressão de estarmos diante de um "cientista (criador) maluco" e sua *partner*.

O espetáculo é multimídico (utiliza-se de teatro, cinema, cibernética, plástica, iluminação por neon etc.) e não existe nos *performers* a preocupação de "interpretação"; a impressão que fica é de sempre estarmos vendo uma "demonstração". Os *performers*, com ironia e principalmente humor, vão mostrando as várias possibilidades de utilização dos objetos elétricos (sempre inusitadas como descreveremos a seguir).

Deter-nos-emos em dois quadros da *performance* que merecem destaque especial:

Num dos quadros a cena é de um rádio (do tipo antigo, de madeira e luminoso). O rádio é o personagem único da cena (os dois *performers* estão fora nesse momento). À medida que transmite informações bombásticas, o rádio pisca e movimenta-se em cena (grande parte do mérito do espetáculo de Guto Lacaz se baseia na qualidade das "engenhocas" que este, originalmente um artista plástico, constrói. O rádio está encaixado em um trilho que permite a sua movimentação sem que se perceba isso da plateia),

O outro quadro é o do fechamento da *performance* (ver foto p. 81). Os dois *performers* estão em cena. A luz de neon os ilumina. A *partner* segura uma bola de plástico. Uma música clássica, triunfal, anuncia que o *gran finale* está para acontecer. Guto liga um tubo de ar (que se assemelha a um aspirador de pó ao contrário) e aproxima suas mãos das de sua *partner* (ver foto). De repente, os dois se posicionam em cima do tubo, a bola sobe e fica flutuando a uma certa altura do espaço. O efeito produzido é mágico.

Antes de analisarmos as diferenças entre as duas *performances*, cabe apontar algumas semelhanças no processo de trabalho que são características de toda a expressão:

O processo de criação e apresentação se organiza dentro do que se tem denominado *work in process*: os quadros são montados, apresentados e vão sendo retransformados a partir de um *feedback*, para futuras apresentações.

80

A Eletroperformance de Guto Lacaz.

Coincidentemente, os dois trabalhos, no momento em que os acompanhamos, estavam praticamente estreando. A *Eletroperformance* foi posteriormente apresentada, entre outros lugares, na danceteria Radar Tantã, no Festival de Campos de Jordão e no I Festival Nacional de *Performances* da Funarte (nessa última versão o espetáculo se chamou *A Eletroperformance "Além da Realidade"*, contando com a participação de quatro *performers*, mas mantendo, contudo, a estrutura original).

O *Videoteatro* de Otávio Donasci evoluiu enquanto possibilidade de linguagem, sendo apresentado, entre outros lugares, no I e II Festivais Nacionais de Vídeo do Museu de Imagem e do Som.

A criação através do *work in process* reforça a característica de evento da *performance*. Os trabalhos são apresentados em locais alternativos (galerias, praças, festivais etc.) e os espetáculos não ficam em temporada, como acontece com as peças teatrais.

Como arte de vanguarda, a *performance* acaba sendo assistida por um público restrito e específico, um público de iniciados, porém, como grande parte desse público é composta também por artistas e os chamados "formadores de opinião", existe todo um processo de transmissão das "experiências" testadas na *performance* para as outras artes mais convencionais, no que tange a repertório, criação de efeitos, formas de atuação etc.[51].

Na utilização dos espaços observa-se, nas duas *performances*, a busca do uso do espaço no seu sentido mais amplo, ou seja, na *tridimensionalidade*. Principalmente no espetáculo de Otávio Donasci trata-se de fugir do "espaço chapado" utilizado pela maioria das companhias teatrais (pelo fato de se trabalhar no palco italiano). Segundo Donasci:

O videoteatro pretende ser o começo de um tipo de teatro de imagens tridimensionais que fluem com a velocidade do pensamento, que é a verdadeira linguagem do ser humano[52].

51. Um exemplo disto é que na temporada de 1985 Paulo Autran e Raul Cortez, dois dos mais consagrados atores do Teatro, estruturaram a divulgação de suas montagens à base deles, enquanto *performers*, e não à base da peça, como acontece tradicionalmente.
52. Em material de divulgação da *performance*.

82

Concomitantemente com essa preocupação do uso do espaço está a preocupação com a relação palco-plateia. Não existe um objetivo claro – e isso fica patente na *performance* de Donasci – de delimitar onde termina e onde começa o espaço do palco e o da plateia. Essa ambiguidade fica intencionalmente ampliada pelo uso de espaços livres, sem cadeiras fixas para o espectador. Como nos espetáculos experimentais dos anos 60[53], palco e plateia se integram (e para tal acontecer não é preciso ocorrer necessariamente a intervenção física do público no espetáculo), permitindo, ao mesmo tempo, a observação de vários ângulos ou partes do espetáculo (na *performance* do Fluxus, por exemplo, desenvolviam-se cenas simultâneas e o público escolhia onde fixar sua atenção).

Reforça-se com semelhante uso de espaço a situação de rito, da prática em si, da transição do *Que* para o *Como* (a história, o que está sendo narrado, em si não é o mais importante, interessa mais a própria prática, o *happening*, o acontecimento). Essa proposta de relação com o espectador é ilustrativa da visão radical de Appia sobre um Teatro do Futuro, onde vida e arte se aproximariam a ponto de verificar-se a supressão dos espectadores, todos se tornando atuantes e ao mesmo tempo observadores[54]:

> Mais cedo ou mais tarde chegaremos ao que se denominará "sala catedral do futuro", a qual, dentro de um espaço livre, vasto, transformável, acolherá as mais diversas manifestações de nossa vida social e artística, e será o lugar por excelência onde a arte dramática florescerá, *com ou sem espectadores* (...). O termo *representação* tornar-se-á pouco a pouco um anacronismo. A arte dramática de amanhã será um *ato social* ao qual cada um dará a sua contribuição[55].

Os dois trabalhos têm como mola propulsora a *pesquisa de linguagem*. Donasci está interessado na busca de um *mixed-*

---

53. Esses espetáculos experimentais eram classificados quer como *happening* quer como Teatro de Vanguarda. O *happening*, enquanto expressão artística, mantinha com o teatro a mesma relação que hoje é mantida pela *performance*.

54. Dentro da definição que adotamos anteriormente, teatro implica em espectador. A supressão do espectador, de alguém "de fora" observando, faria o espetáculo tender para o psicodrama. No Cap. 4 retomamos essa discussão.

55. ADOLPHE APPIA, prefácio inédito à edição inglesa de *Mosik und Inszenieurs*, 1918. Citado em ALAIN VIRMAUX, *Artaud e o Teatro*, p. 360.

-*media*: "o videoteatro não é vídeo nem teatro. É uma linguagem nova que se realiza no espaço cênico"[56].

Guto Lacaz centra sua pesquisa no que podemos chamar de uma cenotecnia eletrônica.

Os dois espetáculos se enquadram na linha do trabalho formalizado, deliberado. Principalmente na *Eletroperformance*, as cenas (uso dos aparelhos) são rigorosamente ensaiadas e cada efeito é milimetricamente calculado. No *Videoteatro* existe uma combinação de marcação com espontaneidade: o espetáculo combina situações preestabelecidas e formalizadas (texto e imagem pré-gravados) com uma situação de improviso no instante da apresentação: o *performer* (manipulador da "criatura") adapta-se às reações do público, como, por exemplo, nos instantes em que ele senta num canto da sala, ou que tira uma menina para dançar.

As duas *performances* trabalham à base da dialética tempo-espaço ficcional (*stage time*) tempo-espaço real (*real time*). E é justamente pela forma com que lidam com essa dialética que as duas *performances* tomam rumos diferentes.

O videoteatro se aproxima do que chamamos de espetáculo ritual. Trabalha à base do tempo-espaço ficcional, só que levado às últimas consequências, isto é, trabalha-se à base da relação mítica que rompe com a representação resultante da mera observação estética.

Essa aproximação com a relação mítica e com o espetáculo ritual é conseguida através dos seguintes dispositivos:

A forma pela qual se dá a relação com o pública e com o espaço; a "criatura" se locomove livremente entre as pessoas, tomando-as como uma espécie de corpo com o qual ela contracena.

A situação de *imprevisto* (na *performance* quase nunca o espectador sabe o que vai acontecer a seguir. Não existe um texto, em geral de domínio público, como no teatro, a partir do qual já se pressupõe o que vai acontecer) reforça essa condição de participante do espectador, que se vê colocado numa observação que não é apenas estética.

O espectador tem que se locomover tanto para observar quanto para se "defender" dos avanços da "criatura". É justamente essa situação de imprevisto para o espectador (e impre-

56. Em material de divulgação do *Videoteatro*.

visto para o *performer*) que proporciona a quebra com a representação e a aproximação com as situações de vida (que pressupõe o inesperado).

Outro aspecto é a impressão causada pela aparição da "criatura" – que causa espanto e medo – tanto pelo seu tamanho quanto pela voz eletrônica que alude ao que chamamos de totem eletrônico. Um totem que funciona como catalisador do rito.

Existem duas quebras nesse "envolvimento mítico". Primeiro, quando se "mostra" o contrarregra carregando os fios (se bem que ele esteja vestido todo de preto e se posicione, em relação à "criatura", como um operador de bonecos do Teatro Bunraku). Segundo, quando a "criatura" é desmanchada diante de todo mundo. Não fica claro se essa quebra é intencional ou não, mas no momento em que se desenvolve a ação ela já está acontecendo no tempo/espaço real.

Na *Eletroperformance* trabalha-se mais com a dialética tempo-espaço ficcional/tempo-espaço real. É justamente o jogo com esses dois "tempos", que se dá através de uma brincadeira com a *convenção teatral*, que faz com que essa *performance* possa ser apontada como um espetáculo conceitual (na medida em que brinca com os conceitos de convenção, representação, atuação etc. que estruturam a arte teatral).

A *Eletroperformance* funciona como uma demonstração. Fica demonstrado que qualquer coisa interessante pode ser uma cena (como o rádio) e que não precisa haver o fio dramatúrgico, nem grandes personagens em cena, para o espetáculo se sustentar.

A *Eletroperformance* caminha sempre à base do anticlímax, da anticena, da antiatuação. Os *performers* entram e saem de cena e demonstram o uso dos aparelhos elétricos (sempre inusitados) como uma feira de utilidades domésticas: Guto e Cristina entram, seguram a bola, olham para o público e de repente o aspirador é ligado e a bola, inusitadamente, fica suspensa no ar. Não acontece nenhuma grande cena, nenhuma grande interpretação, mas o efeito produzido é mágico.

Fica sempre demonstrado, nessa *performance*, a substituição do eixo de sustentação do teatro convencional (narração/personagem) pelo eixo da *performance* (*live art/performer*). O que o *performer* coloca em cena, no lugar de uma personagem construída, é sua habilidade pessoal (no caso a habilida-

85

de de Guto Lacaz de construir as engenhocas e de fundir linguagens).

Outro aspecto que reforça a diferença entre os dois espetáculos é a preparação do *ator-performer*. No *Videoteatro* existe um trabalho minucioso que se divide em quatro níveis[57]:

- Laboratório de vídeo e expressão facial – fase de preparação do ator para ter sua imagem gravada.
- Laboratório de criação de protótipos com monitores-fase onde são criados os "seres" (criaturas antropomórficas, formas de animais etc.).
- Laboratório de expressão corporal com protótipos-treinamento do *performer* que fará o "corpo" da "criatura" em termos de habilidade, gestualidade e sincronicidade com a imagem do "rosto".
- Laboratório de utilização do espaço cênico para o espetáculo-treino de uso do espaço e de contato com o público.

Na *Eletroperformance* não existe esse trabalho de preparação do *performer*. Isto é intencional, não existe a preocupação com interpretação. O artista está livre (das técnicas teatrais) e anda e fala no espaço cênico como quiser[58].

Finalizando, cabe ressaltar nessa classificação de expressões da arte de *performance* – do espetáculo ritual ao espetáculo conceitual –, que um outro tipo de classificação tópica é utilizada pelos americanos[59]:

As *performances* são classificadas em três tipos:

Organização sígnica: o *leitmotiv* é a estruturação pela *mise en scène* e o melhor exemplo é a *performance Disappearances*.

57. Essas informações foram colhidas em entrevista com Otávio Donasci e através de material de divulgação do espetáculo.
58. Esse não uso de técnicas é mais radical em artistas como Joseph Beuys, Andy Warhol entre outros. Ninguém está preocupado em como se imposta a voz ou como se anda no palco. Se com isso, por um lado, vai se perder em qualidade estética, ganhar-se-á, pelo outro, no aumento de espontaneidade e de quebra de representação.
59. RICHARD SCHECHNER, "Post Modern Performance – Two Views".

Organização tempo/espaço: a estrutura da *performance* se dá pela utilização espaço-temporal.

Poderíamos colocar dentro dessa classificação a *performance* do Fluxus (à medida que uma cena termina, outra se inicia, em outro lugar) e também a *performance* do *Videoteatro* (utilizam-se vários espaços, com vários tempos – ao vivo, pré-gravado etc.).

Organização pelo self: o motor da *performance* é o ego pessoal do artista. Nesse caso se encaixa a *performance* de Beuys e as *performances* do americano Spalding Gray baseadas na sua própria vida.

É claro que essa divisão é didática e muitas *performances* têm características provenientes das três estruturas, porém sempre haverá uma acentuação maior de uma delas.

Da Ideologia da Performance: Uma Reversão da Mídia

Interessa-nos, neste ponto, examinar com mais atenção o que está por trás da linguagem da *performance*. Do por que da estrutura fragmentada, das imagens multifacetadas e das vozes eletrônicas. Do por que do sacrifício de Joseph Beuys? Questionar o que o Fluxus, com suas *performances-demonstração* desejou mostrar.

Para encontrar alguma resposta, talvez seja preciso rediscutir a função da arte. O artista é antes de mais nada um relator de seu tempo. Um relator privilegiado, que tem a condição de captar e transmitir aquilo que todos estão sentindo mas não conseguem materializar em discurso ou obra.

Talvez a melhor definição de arte para o nosso tempo – tempo da eletrônica, da aldeia mcluhaniana, das imagens efêmeras – seja a definição cibernética de Scheduler: "rearranging bits of information is the main way of changing experience"[60].

Cabe ao artista captar uma série de "informações" que estão no ar e codificar essas informações, através da arte, em mensagem para o público. Essa codificação não implica limitação, mas, isto sim, retransformação através de outros canais.

60. "O principal meio de trocar experiências é rearranjando *bits* de informação", RICHARD SCHECHNER, "Post Modern Performance: Two Views".

E retransformação, releitura são conceitos do momento. Trabalha-se com a redundância, com o reaproveitamento da própria arte através de uma outra ótica de observação. É a era do Pós-Moderno, estética híbrida, que examina e realiza com outra tecnologia conceitos formulados na modernidade.

E qual a mensagem que está sendo captada? A mensagem da mídia. A voz eletrônica do sistema (a voz orwelliana de *1984*) que veicula seus estatutos e seus rostos padronizados. E essa emissão é cada vez mais fragmentada e subliminar. O sistema se insinua em cada texto, em cada imagem, em cada objeto utilitário. O sistema trabalha em multimídia. Artistas se "vendem" por um pequeno valor ou por uma breve aparição narcísica no espaço da mídia.

O discurso da *performance* é o *discurso radical*. O discurso do combate (que não se dá verbalmente, como no teatro *engagée*, mas visualmente, com as metáforas criadas pelo próprio sistema) da militância, do *underground*. Artistas como Beyus e o grupo Fluxus fazem parte da corrente que trouxe os dadaístas, os surrealistas e a contracultura entre outros movimentos que se insurgem contra uma sociedade *inconsequente* (e decadente) nos seus valores e também contra uma arte que de uma forma ou outra compactua com esta sociedade.

O uso da *collage*, da imagem subliminar, do som eletrônico são propostas estéticas de releitura do mundo. Da mesma forma que a mídia "cria realidades", na arte de *performance* vão se recriar realidades através de outro ponto de vista. Resistente. Vai se jogar, sensivelmente, com as armas do sistema. A linguagem da *performance* é uma *reversão da mídia*.

A mídia manipula o real (artificialmente se criam padrões, mitos, imagens etc. que passam a ser aceitos como verdade). O que se faz na *performance* é, utilizando-se essas mesmas "armas" (incluindo-se tecnologia e eletrônica), manipular também o real para se efetuar uma leitura sob outro ponto de vista (como na metáfora *Zelig* de Woody Allen onde se cria uma realidade histórica).

A linguagem fragmentada diz respeito ao nosso tempo. O século XX (segunda metade) é o século do fragmento. As tentativas unificadoras do século XIX, de se entender o mundo através do cientificismo racionalista, já não cabem mais. Se o século XIX produziu a fotografia, e depois o cinema que trabalham com o registro, a documentação; o século XX introduz a televisão, o vídeo, que trabalham com a imagem efêmera, fragmentada, sem memória. Qual a unidade que existe entre uma emissão e outra? Como bem coloca J. C. Ismael, após Hiroshima, o que nos sobra são os cacos, as peças do quebra--cabeça.

Da mesma forma já não faz mais sentido a cena naturalista (observada da fechadura da porta) nem o discurso narrativo. Não há "história" para ser contada – todas as "histórias" já são conhecidas. Na medida em que o teatro (parte dele) se basear em uma forma-ideia que vem do século passado, ele nunca mais ocupará o lugar de vanguarda, que já ocupou em outras sociedades, mas sim o de reboque das outras artes. Conservará apenas uma função museológica. Isso por puro misoneísmo, porque a relação teatral do homem em frente do outro homem (mesmo com aparato tecnológico) é eterna.

3. DA ATUAÇÃO:

O *PERFORMER*, RITUALIZADOR DO INSTANTE-PRESENTE

*To me, performance is a spiritual discipline.
You've either gone as high as you can or you
haven't...* [1]

MEREDITH MONK

A Dialética da Ambivalência

Se o que distingue o teatro de outras linguagens é a característica do *aqui-agora* (algo está acontecendo naquele espaço, naquele instante; sua realização é viva naquele momento) e se, simbolicamente, este "algo que está acontecendo" está sendo "mostrado" – geralmente – por um "ator", é lógico supor que os grandes paradoxos do teatro acabem "passando" pela figura do comediante[2].

---

1. "Para mim, a *performance* é uma disciplina espiritual. Você pode chegar tão alto quanto puder, ou não..."
2. Utilizamos aqui a formulação de Diderot, que utiliza o termo comediante para designar o ator.

No seu "Ensaio para um Pequeno Tratado de Alquimia Teatral"[3], Jean Louis Barrault compara o teatro com as outras expressões de arte. Para ele, o que caracteriza e define a pintura é o pincel na tela, a música é o arco nas cordas, a literatura é a pena no papel, e o que define o teatro é o ser humano no espaço. Uma analogia bastante lúcida. Porém, para precisá--la melhor, diríamos que teatro é o ser humano no espaço e no tempo. Matematicamente pode-se expressar essa definição como: $T = h\S(s, t)$, onde T – Teatro, h – homem, $\S$ – função, s – espaço da apresentação, e t – tempo da apresentação. Este tempo e espaço se referem ao instante da apresentação e são simultâneos, não se confundindo com o cinema, por exemplo, onde algo está sendo apresentado, mas foi "gravado" num outro espaço, num outro tempo.

É então pela figura do comediante, que funciona como uma espécie de "corrente elétrica" por onde todas as energias vão passar, que se reproduzem as grandes questões ontológicas do teatro. Questões essas que são extensíveis à arte como um todo e que dizem respeito à representação – se cabe recriar ou representar o real – a ideologia – a arte deve ser um canal estético, de engajamento, é justo falar em arte pela arte? –, a própria ontologia – a arte é um canal para contato com estados de consciência superior?

Todas essas questões vão estar sendo enfrentadas pelo criador no teatro e vivenciadas pelo ator na cena.

Através de alterações na conduta do comediante, criam-se gêneros diferentes de teatro. É fácil notar que a simples fala, em tempo alterado, de um texto realista, faz com que ele soe surreal ou absurdo. Como um pintor que, pela simples alteração de cores na tela, modifica seu estilo, por exemplo de realista para impressionista.

De uma forma simples o *Paradoxo sobre o Comediante* pode ser enunciado como o da impossibilidade de ser e representar simultaneamente. O ator não pode "ser" e construir um outro ser (a personagem) ao mesmo tempo. É a impossibilidade física de dois corpos ocuparem o mesmo lugar no mesmo instante, e também a impossibilidade psíquica de haver dois egos numa só psique.

3. *S.R.D.*

Essa primeira abordagem tem um sentido didático e não estamos considerando aqui casos descritos como de "possessão" ou, dentro de uma linguagem psicanalítica, de esquizofrenia (a patologia da fragmentação do ego).

Julian Olf[4] nomeia, precisamente, esse paradoxo como a "dialética da ambivalência". É necessidade do ator de conviver simultaneamente com seu próprio ser e o de sua personagem. Essa ambivalência passa a ser a questão chave e também o problema pelo qual os diretores e encenadores vão se colocar diante do teatro: alguns lutando contra o paradoxo, como Stanislavski, que cria uma série de técnicas para que prevaleça o "como se fosse", e quando consegue um resultado verossímil é porque está apoiado numa convenção; e outros, como Brecht, que se utiliza dessa ambiguidade de se lidar com um nível de representação e outro de realidade, como analogia do mundo.

É importante destacar, já que nesse estudo temos também uma preocupação topológica, que essa enunciação em termos de um "desdobramento" (ator e personagem), que pode soar arbitrária, se apoia numa conceituação semiológica. À medida que o ator entra no "espaço-tempo cênico" ele passa a "significar" (virar um signo) e com isso "representar" (é o próprio conceito de signo, algo que represente outra coisa) alguma coisa, podendo ser isto algo concreto – o qual tem-se nomeado "personagem" – ou mesmo abstrato (como as figuras que aparecem em peças surrealistas, por exemplo, *Les Mamelles de Tirésias*, de Apollinaire).

Se colocássemos essa dicotomia (ator, personagem) em linguagem binária, expressando-a em termos de uma variável P, teríamos três situações possíveis: $P = 0$, onde só temos o ator; $P = 1$, onde só temos a personagem e todas as situações intermediárias entre 0 e 1, onde ator e personagem convivem juntos através da vontade do ator. Os casos extremos (0 e 1) se aproximam do teórico e são aqueles estados em que o ator só "atua", não "interpreta", e o outro em que ele está completamente tomado, "possuído" pela personagem, não existindo enquanto pessoa.

É claro, como bem coloca Jacó Guinsburg, que essas situações são impossíveis mesmo em teoria, porque se tomada

---

4. "Acting and Being: Some Thoughts about Metaphysics and Modern Performance Theory", *Theatre Journal*, p, 34.

como verdadeira a "possessão", esta ocorrerá através do aparelho psicofísico do ser receptor, e por mais que a personagem ou esta "outra coisa", no caso dos ritos, se "materialize" estará limitada àquele ser, portanto continuará havendo o desdobramento. No outro extremo, alguém nunca pode estar só "atuando": primeiro, porque não existe o estado de espontaneidade absoluta; à medida que existe o pensamento prévio, já existe uma formalização e uma representação. Mesmo que a personagem seja autorreferente (o ator representando a si mesmo). Ainda assim haverá o desdobramento. Segundo, porque sempre que estamos atuando (e isto é extensível para toda as situações da vida) existe um lado nosso que "fala" e outro que observa. Essas situações-limites não são da esfera do humano ou, se o são, pertencem àqueles momentos de transcendência, visualizados por Artaud, e atingidos por seres privilegiados em momentos de oninconsciência, de perda do ego individual, denominados pelos orientais como *samadhi*[5]. É interessante que nessa situação paradoxal os dois extremos se tocam: eu não sou mais "eu" e ao mesmo tempo eu não "represento".

Ruptura com a Representação:
Valorização do Sentido da Atuação

Pode-se dizer que, dentro da proposição P(0,1), o teatro ilusionista[6] tende para *1* acentuando a "representação" e a *performance* e a *live art*, como um todo, tendem para 0, acentuando a "atuação".

O que dá a característica de representação a um espetáculo é o caráter ficcional: o espaço e o tempo são ilusórios (se reportam a um outro instante), da mesma forma que os elementos cênicos (incluindo os atores) se reportam a uma "outra coisa". Eles "representam algo". O público é colocado numa postura de espectador que assiste a uma "história". Tudo remete ao imaginário. E aqui existe mais um paradoxo, que fica claro se pensarmos em termos da cena naturalista. Quan-

5. Às vezes se usa, para este estado, o termo *satori*.
6. O termo "ilusionista" aparece com frequência na bibliografia, referindo-se a uma cena que tenta criar a ilusão de representar alguma coisa "real". O teatro ilusionista alcança sua maior expressão no teatro naturalista.

96

to mais eu entro na personagem, mais "real" tento fazer essa personagem, mais reforço a ficção e, portanto, a ilusão. Quanto mais me distancio, "representando" a personagem, e não tentando vivê-lo, mais eu quebro com essa "ilusão cômica"[7]. Essa quebra me possibilita a entrada num outro "espaço". Aquele evento (um espetáculo para um público) passa a não ser mais o de uma representação, mas o de uma outra coisa, que pode ser um rito, uma demonstração etc. O mesmo ocorre com o comediante à medida que não passa a ser somente um ator "representando" uma personagem, ele abre espaço para outras possibilidades.

É nessa estreita passagem da representação para a atuação, menos deliberada, com espaço para o improviso, para a espontaneidade, que caminha a *live art*, com as expressões *happening* e *performance*. É nesse limite tênue também que vida e arte se aproximam. À medida que se quebra com a representação, com a ficção, abre-se espaço para o imprevisto, e portanto para o vivo, pois a vida é sinônimo de imprevisto, de risco.

Theodore Shank[8] observa, com propriedade, que à medida que o teatro entra pelo lado ilusionista, em detrimento de sua característica mais forte que é o *aqui-agora*, não reforçar a representação, vai estar sempre perdendo para o cinema ou a televisão, onde os efeitos ilusionistas criados serão sempre mais verossímeis do que no teatro[9].

Na *performance* há uma acentuação muito maior do instante presente, do momento da ação (o que acontece no tempo "real"). Isso cria a característica de *rito*, com o público não sendo mais só espectador, e sim, estando numa espécie de

7. Manonni utiliza essa expressão no seu artigo "A Ilusão Cômica, ou o Teatro do Ponto de Vista do Imaginário". O termo "cômica" alude ao uso da palavra comediante, para designar atuante.
8. *American Alternative Theatre*, p. 3.
9. É por isso que a nosso ver o método de Stanislavski funciona muito melhor para o cinema onde a personagem está num cenário mais "real" (se ele está num navio, é um navio e não a simbolização deste) que no teatro. Ao mesmo tempo o ator no cinema não convive com as ambiguidades do teatro, tais como imaginar uma "quarta parede" e ao mesmo tempo ter consciência do público; falar no tom da personagem e ao mesmo tempo ter de impostar a voz para a audiência ouvir. É o paradoxo de ser "natural" e impostado ao mesmo tempo. No cinema, ator só tem que estar "natural" na sua personagem, podendo esquecer o resto, que a máquina (câmera, equipamento etc.) se encarrega de "pegá-lo".

comunhão (e para isto acontecer não é absolutamente necessário suprimir a separação palco-plateia e a participação do mesmo, como nos espetáculos dos anos 60). A relação entre o espectador e o objeto artístico se desloca então de uma relação precipuamente estética para uma relação mítica, ritualística, onde há um menor distanciamento psicológico entre o objeto e o espectador.

A característica de *evento* da *performance* (muitas vezes os espetáculos são únicos, não se repetem, ou quando se repetem são diferentes) acentua essa condição, dando ao público uma característica de cumplicidade, de testemunha do que aconteceu. Conforme comentaremos no Capítulo 4, é importante destacar que esse caráter de ritualização já foi mais radical no *happening* dos anos 60, sendo a *performance*, em relação a este, uma expressão de muito mais esteticidade.

Essa valorização do instante presente da atuação faz com que o *performer* tenha que aprender a conviver com as ambivalências tempo/espaço real *x* tempo/espaço ficcional. Da mesma forma, quando o *performer* lida com a personagem a relação vai ser a de ficar "entrando e saindo dele" ou então a de "mostrar" várias personagens, num espetáculo, sem aprofundamento psicológico.

A *performance* tem também uma característica de espetáculo, de *show*. E isso a difere do teatro. Esse movimento de "vaivém" faz com que o *performer* tenha que conduzir o ritual-espetáculo e "segurar" o público, sem estar ao mesmo tempo "suportado" pelas convenções do teatro ilusionista. É um confronto cara-a-cara com o público (às vezes acentuado pelo uso de espaços diferentes como ruas, praças etc.) que exige muito mais "jogo de cintura" ou pelo menos um treinamento diverso do teatro ilusionista. O processo se assemelha ao de outros espetáculos como o circo, o *cabaret* e o *music-hall*.

Verticalização do Processo de Criação: o Ator-Encenador

A forma com que o projeto de um espetáculo ou de um evento se estrutura na *performance* é bastante distinta do teatro[10].

10. Aqui, a título comparativo, estamos nos referindo ao teatro comercial contemporâneo.

98

Essa estrutura, como coloca Shank[11], é originária dos grupos alternativos americanos, surgidos em meados dos anos 60. Esses grupos tinham aspirações temáticas que o teatro do *establishment* representado pela Broadway não comportava.

Nesse momento afloravam temas sociais e existenciais: Guerra do Vietnã, emancipação de minorias (mulheres, *gays*, *blacks*), o movimento de contracultura (época em que floresce a cultura *hippie* com toda a influência do Oriente através do zen-budismo, da ioga etc.).

Surgem então novos grupos nesse movimento que pode ser chamado de um *Teatro da Contracultura*. Esses grupos vão trazer, também no estilo, toda uma série de novidades: muitos artistas plásticos como Allan Kaprow, Wolf Vostell, Claes Oldenburg e Andy Warhol, para citar alguns, estão saindo de sua "mídia estática" para vivenciarem uma mídia mais dinâmica. Cria-se nesse momento o *happening*, a *action painting*, a *body art*. Da mesma forma que, com essa nova visão plástica, outros grupos "teatrais" na sua essência vão valorizar uma criação que é muito mais imagética que subordinada à palavra.

A estrutura desses grupos alternativos se organiza em torno de um criador que responde pelos papéis de encenador, diretor e às vezes ator. É o caso de Julien Beck e Judith Malina no Living Theatre, Joseph Chaikin no Open Theatre, Bob Wilson na Byrd Hoffman Company, Richard Foreman no Ontological-Histerical Theatre e tantos outros. No Brasil, o Teatro Oficina com José Celso Martinez Corrêa segue uma estrutura semelhante.

Ao contrário do teatro comercial (ver Prancha 4), onde a verticalização do processo criativo é hierárquica e autoritária, no teatro alternativo vão ter acesso a esse "espaço vertical" as mesmas pessoas que participam do processo inteiro. Dois aspectos importantes decorrem dessas estruturas:

1. A forma com que o teatro comercial se estrutura faz com que geralmente se trabalhe somente com *dramaturgia*. O tempo que a máquina comercial exige impede um trabalho de pesquisa de linguagem. O produtor contrata autor, diretor, atores e todos os outros elementos necessários (todos esses, geralmente, os melhores "profissionais" disponíveis no mercado). Só que via de regra não há tempo disponível para a

---

11. *American Alternative Theater*, p. 3.

99

pesquisa. Não desponta a figura imprescindível do encenador (que é precariamente substituída pela do diretor)[12].

No teatro alternativo, a figura principal é a do *encenador* que vai decidir o processo de criação e a linguagem a ser utilizada: se mímica, se ritual, se drama, se teatro de bonecos etc. Um exemplo interessante é o do Snake Theatre que se especializou em "Teatro Ambiental" (a peça *Somewhere in the Pacific* (1978) tem o mar como cenário).

É o encenador também que vai decidir o tipo de preparação que os atores devem receber[13].

2. A forma com que o processo é conduzido no teatro alternativo faz com que se aproxime daquilo que se chamou "criação coletiva". Muito do que é criado resulta de laboratórios, experiências e discussões a partir do trabalho dos atores e de todos os outros artistas envolvidos no processo – artistas plásticos, poetas, técnicos etc. Isso tudo é feito com a coordenação do encenador. Esse processo teve seu ápice nos *happenings*, onde essa "criação coletiva" acontecia inclusive no momento da apresentação, cabendo aos assistentes participação no processo.

Na passagem para a expressão artística *performance*, uma modificação importante vai acontecer: o trabalho passa a ser muito mais *individual*. É a expressão de um artista que verticaliza todo seu processo, dando sua leitura de mundo, e a partir daí criando seu texto (no sentido sígnico), seu roteiro e sua forma de atuação. O *performer* vai se assemelhar ao artista plástico, que cria sozinho sua obra de arte; ao romancista, que escreve seu romance; ao músico, que compõe sua música.

Por esse motivo vai ser muito mais reduzido o trabalho de criação coletiva. Mesmo quando o artista (no caso, um encena-

12. Poderíamos diferenciar o encenador como sendo aquele que acumula as funções de diretor e alguma coisa mais. Essa alguma coisa é a pesquisa, o processo de produção, a interação com a sociedade e até detalhes da montagem – do tipo se a peça deve usar mímicos ou atores. Exemplos de encenadores são Jerome Savary, Bob Wilson, Arianne Mnouckine, Antunes Filho, Caca Rosset. O diretor em geral é contratado por um esquema de produção e nessa linha trabalham os diretores da Broadway e a maioria dos diretores brasileiros.
13. É claro que esse tipo de organização não é invenção do teatro alternativo. O famoso Teatro de Arte de Moscou, dirigido por Stanislavski já no século XIX se estruturava dessa forma. O que o teatro alternativo traz de inovação é sua temática e forma de apresentação.

100

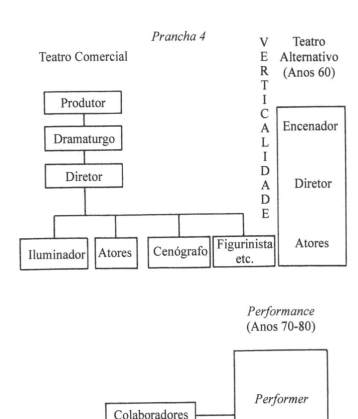

dor) trabalha em grupo, com outros elementos, caso dos grupos Ping Chong, Mabou Mines, The House (o grupo de Meredith Monk) etc. Esse processo se dá ou por "colaboração" ou por "direção". No primeiro caso, por exemplo, pede-se a um artista para compor a trilha sonora, realizar algum fechamento estético etc. – caso da relação entre Bob Wilson e Philip Glass, que compõe, independentemente, as partituras para suas "óperas".

Essa relação dentro de nosso modelo (Prancha 4) vai ser uma relação horizontal, de colaboração. No segundo caso, a organização é "vertical", com atores que seguem rigidamente a orientação do encenador-diretor, através de um processo de criação que descrevemos a seguir.

Na *performance*, a ênfase se dá para a atuação e o *performer* é geralmente criador e intérprete de sua obra. Apesar da ênfase para a atuação a *performance* não é um teatro de ator, pois, conforme comentado no Capítulo 2, o discurso da *performance* é o discurso da *mise en scène*, tornando o *performer* uma parte e nunca o todo do espetáculo (mesmo que ele esteja sozinho em cena, a iluminação, o som etc. serão tão importantes quanto ele – ele poderá ser todo enquanto criador mas não enquanto atuante).

Richard Foreman[14] coloca o seguinte do falar sobre seu processo de direção-encenação:

> O papel dos atores é o mesmo que o papel das palavras, cenário, iluminação etc. É parte de um mundo real que eu estou tentando organizar.
>
> Eu penso que é um teatro de diretor. Contudo, certamente não me interessam atores que sejam autômatos ou bonecos, o que eu não penso que meus atores o sejam, mesmo sabendo que muitos achem isso deles.

Essa mesma característica de uma obra de colagem, suportada na *mise en scène*, faz com que o trabalho dos atores seja o de criar "figuras vivas", quadros vivos, que transitam pela cena – é o caso do teatro de Bob Wilson, onde seus atores não trabalham o aprofundamento psicológico, tendo em contrapartida um outro treinamento para lidar com a utilização do tempo e do espaço.

O *performer*, à medida que verticaliza todo o processo de criação teatral, concebendo e atuando, se aproxima da pessoa descrita por Appia em *A Obra de Arte Viva*[15], que acumularia as funções de autor e encenador. Da mesma forma que a cena apoiada na *mise en scène* e na ideia de uma arte total se integra com as visões utópicas de teatro de Artaud e Gordon Craig.

Do Momento de Concepção:
Criação de uma Cena Formalista

O *performer* trabalha em cima de suas habilidades, sejam elas simplesmente físicas como, por exemplo, o homem que

14. Em "With Foreman on Broadway", *Five Actor's Views*, p. 67.
15. *Op. cit.*

engole bolas de bilhar na Praça da Sé (e aquilo é uma *performance*), ou totalmente intelectuais como o espetáculo *Hamlet* (ver figura) de Stuart Sherman, em que ele representa Shakespeare de uma forma totalmente esquemática, conceitual.

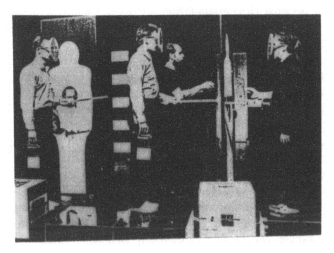

Hamlet de Stuart Sherman.

O atuante à medida que não tem, como no teatro ilusionista, somente a personagem para mostrar, terá também que se "mostrar". E para isso tem que ser algo especial, pois a *performance* é um "espetáculo": se eu subo no palco é para mostrar "algo diferente".

A partir disso, o *performer* vai desenvolver e mostrar suas habilidades pessoais, sua *idiossincrasia*. É a criação de um vocabulário próprio. Exemplos dessa idiossincrasia são a capacidade de Meredith Monk de emitir sons estranhos, a linguagem mímica de Denise Stocklos e outros infinitos exemplos, que vão desde uma Nina Hagen que funde ópera clássica com ritmos *new wave* e consegue modular uma voz de "bruxa" até uma de "garotinha", passando pela capacidade camaleônica de um David Bowie ou de uma Laurie Anderson com sua eletronização ritual. O que interessa é uma marca pessoal ou uma marca de grupo, em caso de mais pessoas. É a definição de um estilo, de uma linguagem própria.

No próprio processo de propaganda do espetáculo vai se veicular a figura do artista e não alguma coisa que ele vai "representar". Anuncia-se uma *performance* de Aguillar, de Ivald Granatto, de Denise Stocklos, e não das personagens ou da peça que eles possam fazer.

O processo de preparação[16] do *performer* vai ser bastante distinto do trabalho do ator-intérprete.

É lógico que se alguma coisa é "tirada", no caso todo o trabalho de interiorização psicológica da personagem, algo é colocado no lugar. Isso é físico. O trabalho de criação e preparação do *performer* aponta para os seguintes caminhos:

Desenvolvimento de suas *habilidades psicofísicas*: o conceito de aparelho psicofísico é o mais genérico possível e não diz respeito apenas a corpo, voz e expressão tratados de uma forma estanque. É importante lembrar que toda essa geração de artistas foi muito influenciada pela filosofia oriental e pelos "métodos de autoconsciência" de alguns esotéricos contemporâneos como Aleister Crowley e Gurdjieff. Este criou um modelo onde coloca o corpo humano como a interação de um centro motor-instintivo com um centro emocional e um outro intelectual. Ele vai propor justamente a harmonização destes centros para se chegar a um equilíbrio. Meredith Monk, comenta esse método:

De algum modo eu sinto que a minha ideia central é a de um equilíbrio. Quando trabalho com todos esses elementos é sempre para integrá-los em uma forma única que é harmônica, e é isso que tento fazer também na vida, tanto quanto eu possa – manter uma espécie de equilíbrio: o equilíbrio entre o pessoal e o universal, o equilíbrio entre o emocional e o intelectual[17].

---

16. É importante destacar que, ao contrário do que alguns pensam, existe toda uma preparação, às vezes meticulosa, para uma *performance*. O que existe de "menos preparado" é o que se chama de "intervenção", que vem a ser um "ataque" a um lugar não determinado como espaço cênico de representação. Mesmo nesses casos, os "interventores" vão se valer de recursos preliminares desenvolvidos. A "intervenção" totalmente espontânea, com um aspecto mais *kamikaze*, se aproxima mais do *happening* que da *performance*.

17. KOENIG, "Meredith Monk: *Performer-Creator*", p. 66.

A busca do desenvolvimento pessoal é um dos princípios centrais da arte de *performance* e da *live art*. Não se encara a atuação como uma profissão, mas como um palco de experiência ou de tomada de consciência para utilização na vida. Nele não vai existir uma separação rígida entre arte e vida.

As técnicas para se chegar a esse desenvolvimento psicofísico são as mais diversas possíveis. Existe uma incorporação de tudo: técnicas orientais (*tai-chi-chuan*, ioga, meditação, lutas etc.), mímica, pantomima, técnicas circenses, *guignol*, ilusionismo, dança moderna, uso de eletrônica (vídeo, gravadores, microfones etc.), máscara, teatro de sombras etc.

O fato de o *performer* lidar muito com o "aqui-agora" e ter um contato direto com o público faz com que o trabalho com *energia* ganhe grande significação.

Essa energia diz respeito à capacidade de mobilização do público para estabelecer um fluxo de contato com o artista: a energia vai se dar tanto a nível de emissão, com o artista enviando uma mensagem sígnica – e quanto mais energizado, melhor ele vai "passar" isto – como a nível de recepção, que vem a ser a habilidade do artista de sentir o público, o espaço e as oscilações dinâmicas dos mesmos. Nesse processo de *feedback*, ele tem a possibilidade de dar respostas a possíveis alterações na recepção – se, por exemplo, tinha um *script* ensaiado, e está sendo recebido com vaias, ele tem várias possibilidades de improvisar, para eliminar as vaias – pode alterar seu roteiro, pode retribuir a vaia provocando o público etc.[18].

No processo de criação do "*ator-performer*", quando existir um trabalho de personagem, este vai ser muito peculiar. Ao contrário do método de Stanislavski, em que se procura transformar o ator num potencial de emoções, corpo e pensamento capazes de se adaptarem a uma forma, ou seja, interpretarem com verossimilhança personagens da dramaturgia, nesse outro processo o intento é o de "buscar" personagens

---

18. Esses processos existem também no teatro "ilusionista", só que o fato do ator-ilusionista estar "preso" a uma personagem e um texto fixo dá muito menos possibilidade de resposta e de se sair de uma trilha prefixada. Numa *performance* de Ivald Granatto, por exemplo, um outro artista pulou nu sobre o palco. Ivald Granatto continuou seu *script* e de vez em quando aludia ao fato de o rapaz não ficar "excitado" com seu espetáculo.

partindo do próprio ator. O processo vai se caracterizar muito mais por uma *extrojeção* (tirar coisas, figuras suas) que por uma *introjeção* (receber a personagem). É claro que o método de Stanislavski ensina a construção da personagem a partir das características pessoais do ator e que o processo de escolha da personagem pelos atores geralmente se dá por empatia (semelhança) ou por oposição (encarando-se como desafio), mas na *performance art* esse processo é mais radical, sendo realçado pela própria liberdade temática que faz com que se organizem roteiros a partir do próprio ego (*self-as-context*, ver Cap. 2). O *performer* vai representar partes de si mesmo e de sua visão do mundo. É claro que quanto mais universal for esse processo, melhor será o artista.

Essa forma de trabalhar mais o atuante e menos a personagem é característica em diretores como Bob Wilson em cujo teatro o papel das donas-de-casa, por exemplo, é feito por donas-de-casa, não necessariamente atrizes, de "loucos" por verdadeiros psicóticos e assim por diante (é um processo muito mais artaudiano que stanislavskiano, reforçando a quebra com o "ilusionismo"). Vai se partir de um *physique-du-rôle* – não só físico, mas existencial e levá-lo ao paroxismo (à semelhança do "cinema de tipos" de Fellini).

A forma de construção do espetáculo, apoiada na *mise en scène* e no imagético, faz com que o processo de construção seja gestáltico. *Gestalt* é forma, configuração. A *performance* remonta ao teatro formalista. O processo de criação geralmente se inicia pela forma e não pelo conteúdo, pelo significante para se chegar ao significado.

Os conceitos de *Gestalt* passam a ser importantes no trabalho do *encenador-performer*. Trabalha-se com a transformação, com *figura principal* e com *figura fundo*. Num determinado momento o *performer* é frente, depois é fundo de um objeto, de uma luz etc.

Na construção das *figuras* – esse termo é mais apropriado do que *personagem* – trabalha-se com as partes de cada atuante. Elas "afloram" nos processos de *laboratório*.

Como a figura do *performer* geralmente coincide com a do encenador, este trabalho de construção está integrado com as mídias utilizadas no espetáculo, que são as mais diversas possíveis: dança, vídeo, esculturas, instalações, *slide*, retroprojeção, holografia, neon, manequins etc.

O processo de criação tem uma componente irracional na elaboração e outra racional na justaposição e colagem dos quadros que vão compor o espetáculo. Nesse momento o ator passa a funcionar como uma espécie de "totem", carregador de signos.

Na *performance* geralmente se trabalha com *persona* e não *personagens*[19]. *A persona* diz respeito a algo mais universal, arquetípico (exemplo: o velho, o jovem, o urso, o diabo, a morte etc.). A personagem é mais referencial. Uma *persona* é uma galeria de personagens (por exemplo, velho chamado *x* com característica *y*).

O trabalho do *performer* é de "levantar" sua *persona*. Isso geralmente se dá pela forma, de fora para dentro (a partir da postura, da energia, da roupagem desta *persona*).

Eis o depoimento de Joanne Akalaitis[20] sobre seu processo de trabalho:

A partir de uma ideia surgida nos ensaios, parte-se para uma execução física. Eu não falo em termos de movimento mas em termos de transformação do corpo. E quando você transforma seu corpo, você transforma sua face, você transforma sua voz. Eu penso que o jeito que eu pessoalmente faço é de voltar-me para mim mesma com mais profundidade e, me observando, tentar ter uma imagem de alguém, e então preencher essa imagem, através de mim. É como projetar um *slide* na parede e tentar se ver dentro dele.

Você pode fazer isto também pela voz. Em *The Shaggy Dog*, o processo era começar com (esse é um típico exemplo de como o Mabou Mines trabalha) a voz – "uma voz feminina, madura e sexual" – "Voz, trabalhe com voz". Havia muito pouco movimento físico – eu estava apenas trabalhando vocalmente com o microfone. E eu comecei com aquilo que eu acreditei ser uma sincera fêmea sexual.

Daí alguém disse: "Oh, é como a Billie Holiday" – na qual eu nunca havia pensado. Daí eu fui estudar a Billie Holiday especificamente. Eu ouvi os discos dela, comecei tentando imitá-la vocalmente, e depois tentei abstrair e trabalhar em algo parecido com Billie

---

19. O termo "personagem" é bastante aberto e dá margem a uma série de leituras dependendo da linha de teatro que se siga. No teatro de Arianne Mnouchkine, por exemplo, as personagens têm o sentido que estamos adotando para o termo *persona*. Portanto, a título de nomenclatura, estamos criando uma distinção entre "personagem" e essa "outra coisa" que chamaremos *persona*.

20. Joanne é *performer* do grupo americano Mabou Mines, "Joanne Akalaitis of Mabou Mines", p. 9.

Holiday e depois fui ficando comprometida com aquele trabalho, porque eu realmente gostava do jeito que soava.

Nessa descrição ficam implícitos alguns pontos do processo de "construção da *persona*" na *performance*, que, sutilmente, o diferenciam do método e de outros processos de atuação: a *persona* surge no processo de criação e pode tomar qualquer rumo (ela surgiu de uma ideia, não de um texto prefixado, e tomou, por "acaso", o rumo da Billie Holiday, assim como poderia ter tomado um outro rumo qualquer).

O primeiro impulso é de "extrojeção" a partir das criações da atriz. Depois a partir de um modelo – encontrado, no caso de Billie Holiday – vai haver um trabalho de introjeção e composição.

O fato de se trabalhar a partir do exterior faz com que, em geral, as *personas* não sejam realistas, muito embora tenham uma energia própria, que guardam uma verossimilhança com o modelo original.

Dentro dessa ótica, a *biomecânica* criada por Meyerhold é uma técnica bastante apropriada para esse tipo de criação.

A seguir apresentamos o comentário de Meredith Monk sobre esse processo de trabalho[21]:

> Personagens como aqueles de *Vessel* (1971) – o mágico, a mulher louca, o rei, a bruxa etc. são mais fáceis de representar em termos de arquétipo. Eles são como fantasia em nossas mentes e, também, estão muito mais longe da gente num certo sentido... Quanto mais próximo da realidade, mais difícil é passar para algo universal... Para fazer essa aproximação específica para uma personagem existe todo um teatro no qual eu não estou interessada. Eu estou interessada em trabalhar com a atemporalidade.

Por último cabe lembrar, no tocante à concepção e atuação que é impossível falar-se de uma linguagem pura para a *performance*. Ela é *híbrida*, funcionando como uma espécie de fusão e ao mesmo tempo como uma *releitura*, talvez a partir da própria ideia da arte total, das mais diversas – e às vezes antagônicas – propostas modernas de atuação. É esse o processo dialético de absorção da *performance*, semelhante à absorção que a estética *new wave* e a arquitetura pós-moderna

21. KOENIG, "Meredith Monk: *Performer-Creator*".

realizam com as concepções "modernas". Em termos de técnicas de criação e atuação se absorveu um pouco de tudo: as técnicas de interiorização propostas por Stanislavski – principalmente através da "releitura" deste feita por Meyerhold e Grotowski (com a qual muitos destes "novos" encenadores iniciaram seus trabalhos) – de Grotowski veio também todo o trabalho de *laboratórios* (de "extrojeção", e não no sentido usual do termo que é de pesquisa do contexto da personagem); o teatro didático-conceitual de Brecht (com a qual a *performance* guarda muita semelhança) – toda essa dialética atuar--interpretar, tempo ficcional x tempo real, está muito próxima do conceito brechtiano de Distanciamento (o *Verfremdungseffekt*); o teatro ritual proposto por Artaud (a ruptura com a representação, o uso do irracional-metafísico, o discurso da *mise en scène* não cativo à palavra); o teatro oriental com toda sua movimentação num estado de "alfa", o teatro de intervenção e escândalos, herdeiro das manifestações dada e surrealistas, a plasticidade e o uso do atuante como elemento sígnico (a partir da incursão dos artistas plásticos na mídia teatro), o *instant-acting* e o teatro espontâneo que vem do *happening* e se aproxima do psicodrama formulado por Moreno, fora a absorção de outras linguagens como a dança, o circo, a mágica etc.

Nesse sentido, a *performance* é uma releitura contemporânea a partir de uma mixagem (*mixed-media*) das ideias da modernidade.

Do Momento de Atuação: Ritualização do Instante-Presente

Talvez a marca mais forte que vá caracterizar, na atuação, o *performer* como alguém distinto do ator-intérprete é essa capacidade de *condução* do espetáculo-ritual, valorizando a *live art*, a arte que está acontecendo ao vivo, no instante presente.

Se no dia-a-dia os nossos pensamentos fazem com que geralmente estejamos "voando" no passado ou no futuro (recordando situações ou programando outras), o palco acaba sendo um momento onde isso não pode acontecer (e quem atua sabe disso). Você está com uma plateia à sua frente – que o "traz" para o momento – e tem que estar absolutamente concentrado no que está fazendo. O que distingue o *performer* do

109

ator-intérprete é que essa sua presença, pelo que já comentamos, será muito mais como pessoa do que como personagem.

Joanne Akalaitis[22] fala sobre esse processo de "presentificação":

Tem sido a minha experiência o fato de a atuação[23] ser um dos meios de entrar em outro estado de consciência. *Performance* existe *no presente* – é por isto que ela se assemelha a drogas e meditação – é uma das poucas situações em que você está vivendo totalmente o momento. Eu adoro a sensação de estar "saindo" para outra zona de tempo, uma outra zona de espaço. A gente vive tão raramente no presente que, quando consegue fazê-lo, isto é extraordinariamente diferente da vida do dia-a-dia – que é futuro e passado.

Eu pensei sobre o que fiz antes de vir aqui (N. do T.: para a entrevista). Eu não estava atenta para o que eu era, quando andava na 10th Street. Eu vinha pensando numa série de coisas diferentes; minha mente estava cheia de lixo. Uma das coisas que acontece durante a atuação é que você para de ficar pensando daquele jeito, e isto é um grande alívio. É realmente uma experiência mística, como "tocar o vazio" como eles chamam isto.

Durante as noites de espetáculo, eu entro num novo espaço físico e interior. Todas minhas relações com as pessoas mudam, elas se tornam mais emocionantes, mais intensas, mais diretas. Eu me sinto em toque com as outras pessoas da peça – e com a plateia que são estranhos – de uma forma que eu não consigo em nenhuma situação que não a de atuação. Penso que o contato é físico e do físico vem o emocional. Somente depois você vai poder dizer "oh, aquilo foi excitante", porque enquanto você está fazendo aquilo, você está *somente fazendo* aquilo, envolvida com o evento, com suas atribuições e orientações.

Alguns aspectos interessantes podem ser tirados desse depoimento:

Enfatiza-se a busca de desenvolvimento pessoal, já comentada, que o artista procura na *performance*. Aquilo que ela chama "tocar o vazio" é o que se busca na meditação transcendental e em outras experiências místicas.

É lógico que quem atua sabe que esta "vivência do instante-presente" não é privilégio da *performance art*, mas sim

22. S. SOMMER, "Joanne Akalaitis of Mabou Mines", p. 10.
23. Em inglês *performance* quer dizer originariamente atuação. Nesse ponto traduzimos por atuação (ela não está se referindo à linguagem *performance*).

110

de qualquer tipo de atuação; só que na *performance* você estará mais presente como pessoa e menos como personagem do que no teatro, onde esta relação é inversa.

Seguem-se algumas impressões de Joanne Akalaitis a respeito do tratamento da ambiguidade ator-personagem. Ela responde sobre até que ponto ela perde a sua consciência como pessoa e "entra" na *persona* e como ela trata essa relação:

> Eu penso que eu troco de uma para outra, e eu não trabalho mais para me perder na chamada personagem, como fazia quando era uma jovem atriz. Era muito importante para mim me perder na peça, me perder na personagem; me parecia uma "forma mais verdadeira ou mais artística de atuação", porque eu conseguia me erradicar completamente.
>
> Nos últimos quatro ou cinco anos as coisas tomaram um rumo que eu não esperava; eu sou mais eu mesma e menos a *persona* quando eu atuo.
>
> Existe sempre uma espécie de controle que está atuando. Eu penso que isto é consequência de eu estar ficando mais velha, e penso também que é consequência de trabalhar em um tipo diferente de teatro[24].

---

24. S. SOMMER, "Jonne Akalaitis of Mabou Mines", p. 10.

4. DAS INTERFACES:

PERFORMANCE – CRIAÇÃO DE UM *TOPOS* DE EXPERIMENTAÇÃO

*... o Teatro refunde todas as ligações entre o
que é o que não é, entre a virtualidade do possível e o que já existe na natureza materializa-
da... O Teatro devolve-nos os nossos conflitos
dormentes e todas as suas potências e dá a essas potências nomes que aclamaremos como
símbolos...*

ANTONIN ARTAUD[1]

A Ideia de um Topos *Cênico*

Pretendemos neste capítulo examinar com mais detalhe
os elementos constitutivos da expressão cênica[2].

---

1. "O Teatro e a Peste", *O Teatro e seu Duplo.*
2. Quando usamos o termo "expressão cênica" estamos nos referindo
principalmente a teatro. Só não usaremos o termo "teatro" porque os
conceitos que estamos definindo se aplicam também a algumas *performances* e espetáculos de dança não classificáveis como teatro. Nesse
sentido o termo "expressão cênica" é mais abrangente.

A ideia é de a partir da relação ternária (atuante-texto--público), formulada como constitutiva da cena, examinar as características que dão especificidade à linguagem cênica.

O elemento que utilizaremos como referência para essa análise é o envoltório, onde estas relações se desenvolvem, ou seja, o espaço da cena. O próximo passo é lembrar nossa definição de expressão cênica, como sendo a de algo que acontece num certo espaço, num certo tempo (existe uma simultaneidade). Portanto quando falamos de "espaço", o "espaço da cena", intrinsecamente estamos associando este espaço a um tempo (o tempo real em que a cena está acontecendo). Por último, cabe lembrar que nessa especulação inicial procuraremos buscar outras relações para o conceito de "espaço", além da conotação mais direta que é a física (ao pensarmos num espaço, temos a tendência de visualizarmos um lugar físico).

Ao invés de "espaço", passaremos a utilizar o termo *topos* que remete a um lugar físico e também a um lugar psicológico, a um lugar filosófico etc.

Será nesse *topos* que se darão as relações entre os dois polos definidos da expressão cênica (atuantes-público). Essas relações ocorrerão através de um "texto", por intermédio do qual acontecerão todas as transposições características da arte (passagem da vida para a representação, do real para o imaginário e o simbólico, do inconsciente para o consciente etc.).

Pretendemos, com essa abordagem, examinar algumas questões centrais da arte cênica como a passagem do real para a representação, e como vai se dar, nessa passagem, o suporte da convenção. Além disso, tendo como ponto de partida a *performance* – que é, como definimos, uma linguagem de interface que transita entre os limites disciplinares – tentaremos situar essa linguagem dentro do universo maior da expressão cênica.

Nesse sentido, se tivermos em mente um modelo topológico, a *performance* funcionará como uma linha de frente, uma arte de fronteira, que amplia os limites do que pode ser classificado como expressão cênica, ao mesmo tempo em que, no seu movimento constante de experimentação e pesquisa de linguagem, funciona como um espaço de rediscussão e releitura dos conceitos estruturais da cena (forma de atuação, forma do transpor o objeto para a representação, relação com o espectador, uso de recursos, uso da relação tempo-espaço etc.).

É fácil ver que é na forma que se irá lidar com as transposições (do objeto para o símbolo, da vida para a representação), que vão se diferenciar os gêneros e as possibilidades cênico-teatrais[3].

Antes de passarmos para a proposição de um modelo topológico e de situarmos a *performance* dentro desse contexto, analisaremos algumas características da expressão cênica como um todo, características essas que lhe são únicas e a diferenciam de outras linguagens como o cinema, o vídeo e a literatura, por exemplo.

A principal característica da arte cênica, como já assinalamos no Cap. 3, é a situação do *aqui-agora*. Existe o corpo a corpo entre o atuante e o espectador.

Por mais que esta relação entre o atuante e o espectador se revista de "significação" – no sentido sígnico, como explicitaremos a seguir – sempre existirá um nível de *concretismo*. O atuante pode estar representando um signo, mas seu corpo, função transporte do signo, sempre estará presente. Seria nesse caso a dicotomia personagem-ator. Como diz Umberto Eco:

> No teatro qualquer pessoa pode ainda acreditar encontrar-se diante da realidade bruta, sem mediação de signos: no cinema, como na palavra ou imagem, qualquer pessoa percebe que está se defrontando com um significante visual que remete a qualquer outra coisa[4].

No cinema temos somente a imagem de uma cena pretérita; no teatro por mais que estejamos diante de uma representação, previsível, estaremos ouvindo as respirações dos atores, vendo seu suor, sentindo sua energia. Isso sem falar na possibilidade sempre presente do "acidente" (alguém cair, uma fala sair errada, o atirador de facas errar seu alvo), possibilidade esta que aumenta o "índice de vida" do teatro, se comparado ao cinema, vídeo etc.

3. Para se compreenderem variações na arte cênica é interessante ter-se em mente uma analogia com a pintura: um objeto que pode ser, por exemplo, uma paisagem, pode ser pintado (representado) de forma realista (objetiva, que se aproxima da fotografia), de uma forma impressionista (subjetiva), de uma forma surrealista (transformada), de uma forma abstrata (não guardando uma relação icônica com o objeto) etc. Nesse sentido é possível falar em cena naturalista, em cena impressionista, surrealista, expressionista, abstrata etc.

4. JACÓ GUINSBURG & COELHO NETO, *Semiologia do Teatro*, São Paulo, Perspectiva, 1978, p. 19.

117

Essa possibilidade do *tête-a-tête* da arte cênica, do aqui--agora, do risco, vai lhe conferir uma característica de *ritual*, que se assemelha às antigas celebrações religiosas do homem primitivo. E vai ser também um dos pontos fortes dessa expressão que permite superar as limitações técnicas em relação às outras artes[5].

A arte cênica é preponderantemente a *arte do simbólico*. A transposição do objeto real para o representado se dá principalmente por simbolização e nesse sentido podemos situar a arte cênica entre o cinema e a literatura: o cinema, como observa R. De Marcy[6], guarda uma relação do *ícone* com o objeto (relação de analogia, de similaridade), a literatura guarda uma relação *imaginária* com o objeto e a arte cênica seria um meio caminho entre as duas, representando-se pelo símbolo. Por exemplo, um exército em movimento, no livro seria imaginado através de descrição, no cinema seria representado através de milhares de extras (reproduzindo-se o seu tamanho "real") e no teatro provavelmente seria simbolizado por alguns atores.

É lógico que essa representação via símbolo no teatro é característica, mas não regra: toda a tentativa do teatro naturalista foi de caminhar em cima do ícone[7]. Ao mesmo tempo existem filmes que não caminham com base no ícone e são totalmente simbólicos como *Alphaville* de Godard ou o *Teorema* de Pasolini; a poesia concreta caminha em cima do ícone etc.[8].

5. Utilizamos nessa comparação o teatro convencional que enfatiza a representação. Se tomarmos como referência as experiências do teatro de vanguarda dos anos 60, em que o público era instado a participar, ou os *happenings* e as *performances* em que as cenas nunca são previsíveis, teremos um aumento do que denominamos "índice de vida".
A característica "ritual" do teatro é um dos trunfos dessa linguagem numa comparação com cinema ou artes plásticas por exemplo.
É também esse "rito-teatral" que tem alimentado os tão bem-sucedidos concertos de *rock*, com essa absorção se dando nas mais diversas tendências, do *heavy metal* ao *punk*.
6. *Semiologia do Teatro*, p. 27.
7. Talvez o limite desta tentativa tenha sido o conhecido exemplo do encenador francês Antoine que colocou pedaços reais de carne em cena, provocando o grito de todos os simbolistas.
8. É importante ressaltar também que nunca temos o símbolo puro, no sentido da relação totalmente convencional como o objeto. Sempre tere-

É certo que com toda a tecnologia disponível no século XX e pelas próprias limitações da linguagem (local de apresentação, público restrito etc.) o teatro nunca conseguirá competir com o cinema em termos de possibilidade de "reproduzir" o real. Por outro lado, na materialização da cena, o teatro perde, em muitas ocasiões, para a literatura, que sempre ao caminhar sobre o discurso do imaginário tem a possibilidade da obra aberta (na descrição do livro a fantasia é do leitor; na cena uma das possibilidades já está delimitada).

Essa relação simbólica com o objeto – na medida em que estamos conceituando símbolo como algo que guarda uma relação convencional, cultural com o objeto – dá um caráter de artificialidade aos signos teatrais.

Quando falamos em "reconstruir a realidade" (p. 74) estamos nos encaminhando para o signo elaborado, artificial. O teatro funcionando como espaço de manipulação do "real" (como funciona a arte de *collage*, estrutura da *performance*).

Na arte cênica a relação com o tempo é dicotômica: por um lado temos uma *temporalidade*, a cena que se desmancha, que não volta e que não fica gravada como no cinema. Por outro lado, se voltarmos ao teatro no dia seguinte, na mesma hora, teoricamente iremos ver a mesma cena[9]. Seria o componente *atemporal* da arte cênica. Essa repetição diária poderia ser expressa em termos de uma *re*presentação (no sentido de tornar de novo presente), ao invés de representação.

Na *performance*, pela característica de evento, de poucas repetições, o que prevalece é a "temporalidade".

Na verdade, toda a arte cênica se reveste desta "temporalidade", porque no final da temporada o que vai ficar são

---

mos algum outro nível residual de signo, seja ícone, índice ou outra combinação. Portanto, no processo teatral teremos uma preponderância de símbolos, mas também ícones e índices. Estamos adotando o modelo peirceano, apresentado por Décio Pignatari (*Semiótica e Literatura*) que simplificadamente conceitua signo como qualquer coisa que substitua e represente outra, dividindo os signos em ícones, índice e símbolos. O símbolo guarda uma relação de terceiridade, convencional, com o objeto.
9. Isso falando-se num teatro de temporada. A ideia de uma cena igual é teórica, porque apesar de alguns leigos acreditarem, a cena do dia seguinte é semelhante, mas nunca é a mesma; a repetição exata não é humana (os atores não vão estar iguais, o público não será o mesmo, a energia será outra etc.).

fotos, recordações, críticas e, hoje, com a tecnologia, um vídeo do espetáculo (que nunca vai reproduzir o que foi a peça, pois se trata de outra linguagem).

Falando-se em tempo, podemos dizer também que o espetáculo de teatro é *lento* (em relação à duração das imagens) se comparado ao cinema e à televisão. Comparando-se um filme com uma peça de mesma duração, a quantidade de imagens e coisas apresentadas na cena teatral será muito menor[10].

Cada imagem, cada signo introduzido permanece algum tempo em cena. Isso reforça o sentido de "significação" do teatro: é sempre comum o espectador perguntar o que aquilo "representa" ou o que o encenador "quis dizer com aquilo". Cada som, cada iluminação, cada entrada em cena vai conotar alguma coisa, além do sentido denotado.

É por isso também que a arte cênica é a arte que se presta melhor à *experimentação*: o tempo de contato com a imagem é mais longo e sempre são múltiplas as possibilidades de se criarem variantes de uma cena. No cinema não há "tempo" para uma observação mais detalhada dos signos. O fluxo de imagens é muito mais rápido e, quando muito, podemos nos fixar em alguns poucos símbolos que atravessam o filme (por exemplo a personagem central de *Teorema* ou o granito de *2001*). Ao mesmo tempo, o custo do cinema faz essa arte pagar um tributo maior ao gosto comercial que prima pela redundância.

Quanto ao aspecto do espaço, a arte cênica é a arte do *tridimensional.* Cinema, vídeo, pintura são chapados, bidimensionais. A possibilidade da tridimensão, que é um dos recursos da arte cênica, e que a aproxima da vida, tem sido muito mal-explorada no teatro, que utiliza apenas o recurso da "caixinha" do palco italiano, o qual tende a "chapar" todas as figuras.

É esse uso do espaço tridimensional, polimorfo, combinado com recursos cênicos de "atemporalidade" (através de cenários, marcações, iluminação abstrata etc.), que permite à arte cênica se completar como arte de expressão do *discurso*

---

10. Aqui também estamos falando genericamente. Numa peça de Bob Wilson, como *Life & Time of Joseph Stalin* (1973), a quantidade de imagens introduzidas é imensa. Na verdade, este exemplo enfatiza nosso comentário, pois Wilson busca um teatro de imagens que, como já comentamos (ver Cap. 2), tende para a roteirização cinematográfica.

poético[11]. Nessa vertente, existe uma analogia entre a arte cênica e a música, que é impalpável, abstrata, poética. Esse teatro, que caminha para a metáfora, para o discurso visual vai se aproximar da cena mallarmeana, do Teatro da Crueldade de Artaud ou da cena descrita por Craig[12].

Discutidas algumas das características da linguagem cênica, voltamos à abordagem das relações entre atuante e público a partir da ideia do *topos*, da *localização*, que é, como coloca Richard De Marcy[13], definidora da noção de encenação:

> A encenação *mise en scène* é a localização *mise en place* por meio de diversas materializações, de um discurso de ordem visual e sonora, a partir de um texto, de um esboço (ou não) cujas tomadas de posição com relação ao seu conteúdo são múltiplas.

Da Relação Binária: Emissão e Recepção

De uma maneira genérica, podemos falar em dois *topos* estruturais na arte cênica. Um primeiro, emissor, onde se dá a gênese da cena e onde se coloca o atuante (o *performer*), e o segundo *topos*, receptor, onde se coloca o espectador.

Poderíamos representar esquematicamente essa relação por:

Fig. 1: *A Relação Binária*

Observamos que esta primeira aproximação é teórica e não estamos considerando, no modelo, as múltiplas variações a esta regra; desde a supressão dessa divisão, ou seja, como

---

11. A *performance Disappearances* descrita no Cap. 2 é um exemplo disto.
12. *A Obra de Arte Viva.*
13. *Semiologia do Teatro*, p. 28.

formula Appia (ver Introdução), a inexistência desses dois *topos*, até a possibilidade de haver alternância de emissão e recepção entre os dos *topos*[14].

Desse modelo inicial, podemos partir para dois modelos englobantes que se diferenciam justamente pela forma como se trata a separação dos dois *topos* (emissor-receptor).

Chamaremos o primeiro modelo de *modelo estético* e o segundo de *modelo mítico*, tomando como referência para essa conceituação a definição psicanalítica da relação estética e relação mítica:

O que diferencia a relação estética da relação mítica é que na primeira existe um distanciamento psicológico em relação ao objeto – eu não entro na obra, eu não faço parte dela; eu sou observador, tenho um contato de fruição com a obra (através da emissão e recepção), mas estou separado dela. Fica claro para mim, enquanto *espectador*, que eu tenho um distanciamento crítico em relação ao objeto.

É interessante que esta postura "estética" em relação à obra vale também para o atuante. Fica claro para o atuante que ele "representa" a personagem, que ele não "é" a personagem (existindo portanto o distanciamento).

Na relação mítica, este distanciamento não é claro; – eu entro na obra, eu faço parte dela – isto sendo válido tanto para o espectador que fica na situação de *participante* do rito e não mero assistente (não sendo bom, portanto, o termo "espectador") quanto para o atuante que "vive" o papel e não "representa".

Podemos dizer que na relação estética existe uma representação do real e na relação mítica uma vivência do real.

É importante deixar claro, antes de nos aprofundarmos nesses modelos, que essas duas situações extremas (estético, mítico) são teóricas.

Como bem coloca Jacó Guinsburg, não existe uma relação totalmente estética, distanciada, nem totalmente mítica, inserida. Num rito, por exemplo, existem instantes de obser-

14. Como em certos *happenings* em que o atuante inicia uma ação que será terminada pelo público, polarizando-se o efeito de emissão e recepção.

É importante destacar também que quando Artaud, Grotowski, Julien Beck e outros encenadores propõem uma interação palco-plateia implicitamente estão considerando a existência desses dois *topos*.

vação estética, de estar fora. Dessa maneira, o que diferencia um modelo de outro é a gradação com que se apresentam essas relações.

O Modelo Estético: Da Representação à Fruição

O *modelo estético* representa a corrente mais conhecida do que se entende por expressão cênica e, mais particularmente, teatro. Sua prevalência está ligada à institucionalização da cultura e atribui-se seu início à cultura grega, berço da cultura ocidental.

O teatro grego, que foi coligido por Aristóteles, institui uma separação espacial, dividindo palco e plateia. Nesse espaço se dá a representação, suportada por uma convenção teatral (falaremos dela a seguir). Não há ligação física entre os dois *topos* durante a representação; o objetivo é, através da representação, levar o espectador à empatia com o que está se mostrando e a uma consequente catarse psíquica.

Em termos de esquema, podemos representar o modelo estético por:

Fig. 2: *O Modelo Estético*[15]

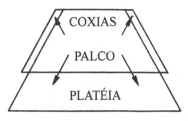

Através dos tempos, inúmeros gêneros cênicos se desenrolam em locais semelhantes ao esquema. Praticamente a partir do final da Idade Média, quando o teatro começa a sair das

---

15. Em geral o que estamos chamando de modelo estético e, particularmente, um teatro estético acontece em *edifícios-teatro*. O esquema que desenhamos corresponde ao chamado palco italiano. Existem inúmeras variações desta disposição palco-plateia como o teatro de arena, o teatro elisabetano, o coliseu etc., que vão utilizar um outro tipo de convenção teatral.

feiras e igrejas para ocupar edifícios teatrais, vários gêneros e estilos vão ser apresentados no palco: auto medieval, teatro renascentista, clássico, romântico, épico, naturalista, surreal etc.

Hoje, a identificação da expressão cênica com o "Edifício-Teatro" é tão grande que quando se fala em teatro a primeira associação é com o teatro de palco.

Para se falar do teatro estético, da forma que o estamos conceituando, o melhor exemplo é o teatro naturalista. Pela pretensão de "representar a vida", tal como ela é e, ao mesmo tempo "esconder" essa representação, talvez seja no teatro naturalista o momento em que mais se aprofundem as limitações e potencialidades da linguagem cênica e se utilize do apoio da convenção.

O teatro realista[16], como o próprio nome diz, cria uma cena que deve dar ao público a impressão de realidade. Este teatro se insere dentro do movimento naturalista-cienticifista do final do século XIX que se propunha a observar e interpretar o mundo a partir da visão dos telescópios e microscópios. A ideia, para o teatro, é que o espectador observe a cena como se estivesse acompanhado, por um buraco de fechadura, um "instante de vida".

É a proposição, em última análise, de um *teatro voyeur.*

Cria-se, inclusive, como artifício para os atores, a ideia de uma quarta parede imaginária que "fecha" a parede aberta para o público. É o que se chama de *cena fechada:*

> O ator deve dar a impressão de não estar sendo visto e ouvido senão pelas personagens que com ele se encontram no universo representado e com as quais e para as quais fala. E todo esse universo representado e tudo o que nele acontece deve ser de tal modo figurado como se não houvesse ninguém para observá-lo de fora (isto é, de um lugar que fica fora do universo representado) ; esse mundo deve ser tão "natural quanto possível"[17].

16. Quando falamos em naturalismo e realismo estamos nos referindo às ideias cênicas propostas por Stanislavski. É claro que existe uma distinção entre naturalismo e realismo, assim como dentro dessas correntes estéticas existe uma produção tão diversa que vai de encenadores como Antoine a Jean Vilar. Para efeito desse estudo não entraremos no detalhe desses trabalhos.

17. ROMAN INGARDEN, *Semiologia de Teatro*, p. 159. A contraposição a essa cena é chamada *cena aberta*, que foi buscada por Brecht, entre outros, visando acabar com a passividade do espectador. Nela "cai"

A "cena fechada" vai existir na medida em que o público espectador acredita na "realidade" do que está sendo apresentado. Essa "realidade", artificial, estará sustentada sobre a *convenção teatral*, que Manonni[18] chama de "ilusão cômica". Quando Laertes morre no duelo com Hamlet, todo mundo sabe que quem morreu foi a personagem e não o ator que o estava representando. A "realidade" se dá no plano ficcional e o ator obviamente está deitado no chão e não morto[19].

Outro exemplo de utilização da convenção teatral é a questão do tempo – em inúmeras representações o tempo ficcional não corresponde ao tempo real (do relógio) e dias e noites se passam no espaço de uma hora[20]. Essa "representação" do tempo está sendo feita com uso da convenção (por exemplo, uma entrada e saída de cena, uma mudança de plano ou uma mudança da iluminação vão significar que um tempo se passou) e à medida que nos deixarmos levar por essa representação (deixando de "observar" a convenção) acreditaremos mais na "realidade" da cena.

A "ilusão cômica" vai se dar, segundo Manonni, na medida em que o espectador afrouxar sua resistência crítica e entrar no jogo do "acreditar na máscara". E esse "acreditar na máscara" não é acreditar que o que se passa em cena é real:

A expressão "acreditar nas máscaras" não teria sentido se isso significasse que acreditamos nas máscaras como algo verdadeiro ou real. Por exemplo, se tomássemos as máscaras por rostos verdadeiros. Resultaria daí um efeito que não teria mais absolutamente o efeito

esta quarta parede e o ator trabalha dialeticamente nos dois tempos: o tempo da ilusão (fechado) e o tempo real, falando direto para o público.
18. Em A. MANONNI, *Chaves para o Imagin*ário, Ed. Vozes.
19. O contraexemplo usual para esse caso é a história de um camponês que vai assistir a uma encenação de *Julio César*, sem conhecer a convenção teatral. Na hora em que Brutus vai matar César o camponês "sobe no palco" e segura a faca dele. Ao tomar a cena como "real" e não como representação-convenção, o camponês está tendo uma participação *mítica* e não *estética*. Esses dois exemplos são extremos, mas, em gêneros como o *happening* e a *performance*, há uma clara ambiguidade entre o universo do real e o universo da representação promovido pelo afrouxamento da convenção teatral.
20. Bob Wilson busca, em suas encenações, baixar esse efeito da convenção, aproximando o tempo real do tempo ficcional: o tempo de duração de um jantar vai ser o tempo que o jantar efetivamente duraria. Por esse motivo, alguns trabalhos seus levam mais de dez horas.

da máscara. A máscara não se faz passar por outra coisa que não é, mas tem o poder de evocar as imagens da fantasia. Uma máscara de lobo não nos dá medo como o lobo, mas segundo a imagem de lobo que temos em nós. Dizer que outrora se acreditava em máscaras significa que num certo momento o imaginário reinou de maneira diferente do que no adulto[21].

Essa "realidade do imaginário" é uma realidade que a cena ilusional dos processos oníricos. Quando Mallarmé afirma que "no palco tudo é falso", aludindo à representação, está sendo drástico demais. Existe de fato o ilusório da representação, um *maya* que se desmancha no apagar dos *spots*. Existe também, em paralelo, um nível concreto que chamamos de função transporte dos signos (atores, objetos cênicos, *spots*, caixas de som etc.).

Essa "realidade do imaginário" é uma realidade que se não é primeira enquanto objeto (o imaginário trabalha a imagem e não o objeto), ocupa um grau de realidade na nossa psique, mobilizando instâncias, despertando sentimentos etc. (à semelhança do sonho que provoca, no corpo, durante sua ocorrência, uma série de movimentos físico-vegetativos, tendo, portanto, uma "realidade concreta").

Se tomarmos a comparação entre as linguagens do teatro e do cinema, podemos dizer que o processo, colocado por Manonni, de "acreditar na máscara" será muito mais facilmente alcançado no cinema que no teatro.

Na realidade, o que se propõe é o afrouxamento do juízo crítico: baixa-se o superego e mergulha-se catarticamente na vivência do personagem-herói dentro do seu universo ficcional[22].

Algumas características da linguagem cinematográfica vão facilitar esse mergulho no universo da fantasia: no cinema, como já comentamos, existe muito maior adequação para uma reprodução do real (que dá maior verossimilhança à fantasia). O processo de amplificação das imagens somado ao som eletrônico, baixo, e a "caverna" em que se transforma a sala de projeção vão conduzir o espectador a um estado semi-hipnó-

21. *Chaves para o Imaginário.*
22. O espectador vivencia, por empatia, as emoções da personagem, sem ter, em contrapartida, que passar pelos riscos a que este se acha submetido na ação.

tico, de relaxamento, que permite uma entrada com maior facilidade no universo da fantasia.

Outro fator importante, no cinema, que favorece o mergulho na "ilusão cômica", é o fato de sempre se saber estar diante de uma cena pretérita (a cena que está sendo apresentada já aconteceu, e foi filmada, num outro instante; eu, enquanto espectador, não corro nenhum risco, podendo, portanto, relaxar e fruir a cena).

No teatro, o mergulho na "ilusão cômica" é mais difícil. A cena está acontecendo naquele instante. Mesmo que o gênero teatral estudado caminhe apenas sobre o ficcional existe sempre no ar a expectativa de ruptura da "ilusão cômica" – essa ruptura pode se dar por um acidente, por má interpretação, por alguma intervenção inusitada. Esses casos seriam quebras não intencionais em estilos, como o naturalismo, que se elaboram sobre um tempo-espaço ficcional.

Em outros estilos que trabalham a dialética tempo ficcional x tempo real essas quebras seriam intencionais, como nos *Effect-V* de Brecht, ou nos *happenings* e *performances* vivenciais que visam tirar o público da catarse hipnótica, proporcionando ao mesmo tempo uma valorização maior do ato de apresentação (em detrimento da representação).

Independente desses momentos de ruptura, no teatro, existem fatores que funcionam como distanciadores da "ilusão cômica": a necessidade da fala impostada, por exemplo. Outro fator é que, pelas próprias características dos espetáculos, normalmente a plateia no teatro fica muito mais iluminada que no cinema.

Voltando à questão da convenção, é importante deixar claro que o uso desta não é privilégio do naturalismo e sim de toda expressão cênica. O teatro enquanto arte do simbólico se alicerça na convenção.

A diferença é que, no naturalismo, por exemplo, vai se buscar "esconder" a representação-convenção e em outros estilos se "mostra" essa convenção (por exemplo, com atores se caracterizando em personagens em cena, com quebras no texto, com alusões ao cenário etc.).

No teatro de Meyerhold, em Brecht, na *performance*, o jogo cênico é dialético, passando-se tanto no universo ficcional, suportado pela convenção, quanto no universo do "real" que rompe com a convenção.

Um exemplo interessante é a montagem de *Hamlet* de Stuart Sherman em que este usa, a exemplo do próprio teatro elisabetano, placas indicativas de locais do espaço ficcional (cemitério, local do duelo, castelo etc.). Nesse momento, mais do que nunca, está sendo usada a convenção: uma placa indica que um local do palco é o cemitério. Este local encontra-se vazio, sem nenhum signo conotando o cemitério, apenas com a placa nominativa.

Na verdade o que Sherman está buscando é uma cena conceitual, vazia de signos conotativos. Ao mesmo tempo faz uma fusão de linguagens, na medida em que os atores trabalham com a linguagem de teatro (signos icônico-simbólicos) e com um cemitério que se articula na linguagem escrita (ao invés do ícone, temos o símbolo enquanto código linguístico).

O caminho trilhado por Sherman é semelhante à linha dos construtivistas russos e às ideias cênicas propostas por Appia (*A Obra de Arte Viva*).

Parte-se para uma *cena abstrata* onde os signos construídos (cenários, figurinos, marcação de cena) não guardam uma relação direta com o objeto representado. O que se busca com essa "cena abstrata" é fugir das relações sígnicas habituais, eliminando-se redundâncias e, principalmente, abrindo-se caminho para novas combinações de signos.

O Modelo Mítico: *Da Vivência à Intelecção*

Outro modelo cênico-teatral é aquele em que a relação entre atuantes e espectadores vai ser mítica, ritualística[23].

Em termos de esquema podemos representar o modelo mítico por:

Fig. 3: *O Modelo Mítico*

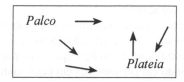

23. Como já observamos essa relação não é o tempo todo mítica. A diferença em relação ao modelo estético é que do ponto de vista psicológico o público é participante, oficiante, e não meramente espectador. Outro ponto importante a destacar é que a relação mítica não implica necessariamente a participação física do público.

No modelo mítico a separação entre os dois *topos* definidos anteriormente será flexível e dinâmica.

Esse "teatro mítico" geralmente não acontece em edifícios-teatro. Ele se dá em praças, galpões, campanários etc., como os espaços sugeridos por Artaud[24] para seu "teatro sagrado".

Modernamente o que se tem utilizado são espaços vazios, sem cadeiras, transformáveis em espaços cênicos, em que público e atuantes vão ocupar posições cambiáveis.

Exemplos desses espaços são as galerias e museus utilizados para *performances* (ver descrição no Cap. 2).

É interessante que, apesar da quase totalidade de o teatro acontecer hoje em espaços propriamente reservados (os edifícios-teatro), chegando ao ponto de os espectadores leigos só conhecerem esse tipo de expressão, as grandes inovações no teatro ocorreram fora desses espaços e em movimentos especiais: "Em todas as épocas as experiências essenciais do Teatro sempre se deram fora dos lugares previstos para o teatro"[25].

Algumas dessas experiências a que Brook se refere acontecem em festivais de teatro. Esses festivais, cujas realizações mais importantes se verificam nos Estados Unidos e Europa[26], abrem espaços para todo tipo de experimentação, comportando montagens que não encontram lugar no teatro comercial; ao mesmo tempo, a característica de evento desses festivais aumenta o aspecto de ritual dessas montagens (o espectador é "participante" de um evento às vezes único).

Alguns exemplos de montagens em festivais são:

A montagem de *KA Mountain and Guardenia Terrace* realizada por Bob Wilson, em 1972, no extinto Festival de Teatro de Xiraz (Irã). Foi basicamente uma experiência de uso de tempo e espaço que durou uma semana e ocupou uma área de sete colinas.

A apresentação do Living Theatre no Festival de Veneza: a cena se desenrolava em vários locais e o público se deslocava de barco até uma ilha, para acompanhar o desenlace.

---

24. *O Teatro e seu Duplo.*
25. PETER BROOK, *O Teatro e seu Espaço.*
26. Alguns festivais tradicionais são: Veneza, Avignon, Barcelona, Hamburgo, Minesotta. Na América do Sul o festival de maior expressão é o de Caracas que tem reunido alguns dos grupos mais expressivos do teatro contemporâneo.

129

Do mesmo festival Teixeira Coelho[27] destaca as montagens de *Orlando Furioso* de Luca Ronconni e a apresentação dos poloneses Teatr'77, ambas com soluções inusitadas de uso do espaço e condução do público. Grupos como o Theatre du Soleil de Arianne Mnouchkine e o Bread and Puppet Theatre se apresentam em igrejas e campos abertos (no que tem se chamado *environment theatre* que pode ser traduzido por teatro ambiental).

O Squat Theatre (grupo de húngaros radicados em New York) se exibe em locais invadidos (*lofts* abandonados) e em vitrines de lojas.

Podem-se apontar centenas de outros exemplos desse "teatro ritual", que vão desde um teatro de rua até espetáculos *underground* da fase *hippie*[28].

Ao se falar de um "teatro ritual" é importante abrir um parênteses para mencionar uma corrente pouquíssimo conhecida, pelo reduzido número de apresentações realizadas, mas, de grande importância, pelos elementos que estiveram envolvidos nas montagens: o *mistery drama*.

Talvez seja nesses espetáculos, juntamente com alguns *happenings*, que a ideia de um teatro ritual e as proposições da cena artaudiana tenham sido melhor realizadas.

O *mistery drama*[29] era conduzido por praticantes e adeptos de esoterismo e não por pessoas originalmente ligadas à atividade artística. Alguns praticantes desse teatro ritual foram Aleister Crowley, Gurdjieff e Rudolf Steiner.

A contribuição desses elementos para a arte contemporânea além de todo seu peso na doutrina esotérica, é de suma importância. Gurdjieff queria chegar ao "homem harmonioso" utilizando teatro e dança como um dos meios de externação desses conhecimentos. Seus trabalhos, inicialmente baseados na dança dervixe e no rito oriental e mais tarde reunidos à

27. COELHO NETO, *Uma Outra Cena*, p. 180.
28. Um exemplo de espetáculo *underground* é o que Jack Smith anunciava publicamente e realizava em seu próprio apartamento. Suas experiências, de Teatro de Crueldade, envolviam o público que o acompanhava (uma boa descrição desses "espetáculos" *underground* está em *Queer Theatre* de Stefan Brecht). No Brasil experiências com um "teatro ritual" vão desde montagens do Oficina como *Gracias Sehor* até alguns trabalhos de grupos como *Asdrubal Trouxe o Trombone*, *Abracadabra*, *Viajou sem Passaporte* etc.
29. Uma descrição pormenorizada desse tipo de rito-espetáculo encontra-se em *Drama Review*, 22 (2) 1978.

130

experiência de Dalcroze (e sua Euritmia), vão influenciar toda uma geração de artistas, de Isadora Duncan a Meredith Monk. Aleister Crowley (um dos fundadores da Golden Dawn) realiza, em 1910, em Londres, uma série de ritos-espetáculos denominados *Ritos de Elêusis*[30].

Esses espetáculos se realizavam mensalmente, sendo cada evento dedicado à comemoração de um astro (como em Elêusis na Grécia). O público era composto de iniciados que passavam por uma série de preparativos, recebendo inclusive drogas para acompanhar o ritual-espetáculo (prática que também ocorre em alguns *happenings*).

A condução do espetáculo era feita por uma violinista e os atores, segundo relato, trabalhavam em transe. Na época, Aleister Crowley foi objeto de uma série de acusações que iam desde o charlatanismo até a prática de magia negra, mas, à parte disso, suas experiências influenciaram artistas como Bob Wilson e Peter Brook.

Uma terceira figura de importância a cultivar o *mistery drama* é Rudolf Steiner, fundador da Sociedade Antroposófica. Steiner pratica um tipo de espetáculo que se aproxima de um *teatro espírita* – o seguinte trecho do programa de *The Portal of Iniciation* (1910), apresentado nos Estados Unidos, atesta essa tendência:

In that Spirit's name/ who through every striving word here spoken/ reveals himself to souls/ Do I appear this moment before men/ who will from now on/ Listen to the words/ which here so earnesty resound to souls...[31].

Afora essa corrente menor, o "teatro mítico" vai ter sua maior expressão na *live art*, que é, como conceituamos, a arte de acontecimento, do espontâneo.

Na *live art* agrupa-se uma série de tendências que ficam no limite do que tem sido conceituado como arte.

30. A descrição desses eventos está em J. F. BROWN, "Aleister Crowley's Rites of Eleusis".
31. Trad. livre: "Em nome daquele espírito/ o qual através de todo esforço de palavra aqui dita revelando-se para as almas/ Devo aparecer nesse momento entre os homens/ que vão de agora em diante ouvir as palavras/ tão cuidadosamente reservadas às almas". In *Antroposophisical Performance*, p. 70.

131

Pode-se considerar o *happening*, enquanto expressão artística, como esse ponto-limite. A partir dele existem duas tendências, uma que caminha para o rito puro ou no sentido terapêutico, onde a intenção maior é vivencial e não a de mostrar alguma coisa para o público – um exemplo é o psicodrama. Na outra tendência, que caminha na direção do que se considera arte, a intenção principal é a da expressão e é aí que se dá a passagem do *happening* para a *performance*.

Free Theatre – Happening *e* Performance: *Ruptura da Convenção Teatral*

A existência da tríade – atuante, público, texto – num espetáculo que acontece ao vivo, permite classificar o *happening* como uma forma de teatro.

O *happening* se associaria à ideia de um *free theatre* (teatro livre); liberdade essa que se dá tanto nos aspectos formais quanto ideológicos.

O *happening* se apoia no experimental, no anárquico, na busca de outras formas. Lebel[32] coloca alguns *slogans* que funcionam como bandeiras do *happening*. Neste se busca:

– Livre funcionamento das atividades criadoras sem consideração alguma sobre se agrade ou se venda.
– A superação dessa aberrante relação de sujeito e objeto (observador/observado, explorador/explorado, espectador/ator, colonizador/colonizado, alienista/alienado) separação frontal que até aqui domina e condiciona a arte moderna[33].

No *happening* interessa mais o processo, o rito, a interação e menos o resultado estético final. Não existe um superego crítico. Os valores de julgamento foram abandonados; o contexto do *happening* é o da década de 60, da contracultura, da sociedade alternativa.

Ao incursionar pelo caminho do risco, do experimental, o *happening* entra em sintonia com a ideia do Teatro da Cruel-

32. Jean Jacques Lebel é um dos primeiros praticantes do *happening* na Europa. Organizou em Paris, em 1959, um evento que se chamou Festival da Livre Expressão e que contou com a participação de Joseph Beuys e Claes Oldenburg entre outros.
33. Ed. Denoel, 1966, *Le Happening*, p. 31.

dade de Artaud na sua busca metafísica, procurando despertar o homem para outras realidades.

No teatro autêntico uma peça perturba o repouso dos sentidos, liberta o inconsciente recalcado, estimula uma espécie de revolta virtual e impõe à coletividade reunida uma atitude simultaneamente difícil e heroica. Tal como a peste, o teatro é um terrível apelo às forças que impelem o espírito, pelo exemplo, para a fonte originária dos conflitos[34].

Não é sem motivo que o Living Theatre, que tem seu processo de criação centrado nos *happenings*, é um dos grupos que melhor concretiza o "teatro artaudiano".

No *happening* se realiza outra ideia de Artaud, ou seja, de um teatro que incorpore a vida e não seja somente autor-referente (caminhando em cima de si mesmo).

No *happening* esta incorporação acontece ao extremo – magia, rituais terapêuticos, plástica, estética de vanguarda, luta de classes etc. – tudo é absorvido.

Da mesma forma, no processo de atuação não existe uma limitação estético-qualitativa para alguém atuar. O processo é anárquico. Cada um pode subir ao palco e "dar o seu recado": Andy Warhol faz experiências com transexuais, Steve Reich pendura microfones sobre alto-falantes provocando microfonias, John Cage conduz seus concertos aleatórios, Yves Klein mergulha suas modelos nuas em piscinas de tintas. Toda experimentação é possível; Bob Wilson trabalha com pessoas e não com atores-intérpretes – os loucos de suas cenas iniciais[35] são verdadeiros loucos, suas donas-de-casa são donas-de-casa e não atrizes interpretando donas-de-casa e assim por diante.

Toda essa experimentação provoca uma ruptura na chamada convenção teatral, na medida em que não existe uma preocupação com a encenação, nem com a representação.

No *happening*, o limite entre o ficcional e o real é muito tênue e nesse sentido a convenção que sustenta a representação é constantemente rompida. Esta ruptura se dá de várias formas, como pelas situações de imprevisto que caracterizam os *happenings* – o público não sabendo o que vai acontecer

34. ANTONIN ARTAUD, *O Teatro e seu Duplo*, p. 47.
35. O teatro de Bob Wilson evolui de peças iniciais, onde a tônica maior era a liberdade de expressão durante a cena, para peças mais estéticas, com rigorosa marcação.

133

– e nesse sentido entrando em "situações de vida" em que pode ser instado a participar a qualquer instante.

Em outras situações o *performer* "mostra" sua representação, revelando a convenção que está por trás da cena (por exemplo se caracterizando em cena, usando metalinguagem etc.).

Todas essas "quebras" de convenção fazem alguns puristas não classificarem o *happening* como uma forma de arte: o *happening*, para estes, e parte da expressão que classificamos como modelo mítico, se aproximariam do psicodrama, de um trabalho terapêutico, ou de simples processo anárquico de criação. Arte, para estes, seria apenas o que classificamos como modelo estético, enfatizando-se, portanto, o distanciamento crítico e a representação[36].

Na Prancha 5 que apresentaremos a seguir colocamos para fins de comparação as diferenças estruturais entre o teatro, o *happening* e a *performance*. Para efetuar esse comparativo utilizamo-nos de algumas generalizações que efetivamente não são regra:

1) Evidentemente *happening* e *performance* não são a mesma expressão. No item seguinte apontamos as principais diferenças entre essas duas formas de expressões. Para efeitos das comparações realizadas, são válidas as generalizações.

2) Quando falamos em "teatro" obviamente não estamos esgotando as inúmeras formas alternativas de organização dessa expressão. Estaremos falando do teatro estético, comercial, convencional, do século XX.

3) O quadro funciona como o resumo dos conceitos e informações que apresentamos nesse capítulo e nos anteriores.

Da Passagem do Happening *para a* Performance*:*
Aumento de Esteticidade

Pode-se dizer, de uma forma genérica, que a *Performance* está para os anos 70 assim como o *happening* esteve para os anos 60[37].

---

36. Outro ponto de vista interessante para essa discussão é a formulação do conceito de não arte (ver Cap. 1).

37. Essas datas em relação ao exterior. No Brasil esses movimentos tiveram expressão num tempo defasado; o apogeu da *performance*, en-

A partir da classificação em modelo mítico e modelo estético podemos dizer que a principal característica na passagem do *happening* para a *performance* é o "aumento de esteticidade": se o *happening* marcou a radicalização do que chamamos "teatro mítico", a *performance* vai tender para uma maior aproximação com o "Teatro Estético".

Prancha 5

	TEATRO (Modelo Estético)	FREE ART (HAPPENING E PERFORMANCE)
Elemento	Ator	*Performer*
Sustentação	Representação	*Live Art*
* Fio Condutor	Narrativo	Colagem/ritual
Construção	Personagem	Idiossincrasia
* Técnicas	Lógica de ação Hierarquização	Livre-associação indeterminação Uso livre: objetos – espaço – tempo
* Ênfase	Dramaturgia Crítica social-política	Plástico, terapêutico Discurso poético
* Forma de Estruturação	Os artistas se juntam para uma peça. Cada um tem sua carreira	Artistas se juntam em grupos. Trabalho em colaboração
Local de Apresentação	Edifícios-teatro	Museus-Galerias- Edifício-Teatro etc.
Tempo de Apresentação	Temporada	Evento

* Esses conceitos foram adaptados a partir do artigo de RICHARD SCHECHNER, "Post Modern Performance: Two Views", *Performing Arts Journal*, 11, 1979, p. 13. Em "Fio Condutor" ao invés de colagem/ritual Schechner usa os termos *information bits*.

De uma forma estrutural, *happening* e *performance* advêm de uma mesma raiz: ambos são movimentos de contestação, tanto no sentido ideológico quanto formal; as duas expressões se apoiam na *live art*, no acontecimento, em detrimento da representação-repetição; existe uma tonicidade para o signo visual em detrimento da palavra etc.

quanto arte se dá, no Brasil, no início dos anos 80 (ver Apêndice).

Pode-se enumerar uma série de outros pontos comuns, desde aspectos temáticos, organizacionais, estilísticos etc. Porém, apesar dessas duas expressões serem convergentes na sua estrutura, elas divergem numa série de características. Evidentemente, grande parte dessa divergência se deve à defasagem temporal que permeia esses dois movimentos. Historicamente, essas duas expressões estão defasadas em uma década. De 1960 para 1970 mudanças radicais acontecem em todos os níveis; o movimento que está por trás do *happening* é o movimento *hippie* externado pela contracultura. Em 70 já não se fala mais em sociedade alternativa. Todo um niilismo será incorporado à expressão artística. As *action paintings*, os ritos comunitários, todo tipo de experimentalismo não cabem nos anos 70. São caminhos já trilhados e, em se tratando de expressões de vanguarda[38], não tem sentido o *déjà vu*, deve-se ir sempre para a frente.

Talvez a melhor conceituação para essas duas expressões seja a de considerá-las como duas versões de um único movimento, ou seja, a *performance* como sendo o *happening* dos anos 70/80.

Prancha 6

Período	Happening	Performance
	1960-1970	1970-1980
Sustentação	Ritual	Ritual-Conceitual
Fio Condutor	Sketc.hes (algum controle)	Colagem → Sketc.hes (aumento de controle)
Forma de Estruturação	Grupal	Individual (colaboração)
Ênfase	Social Integrativa	Individual Utopia pessoal
Objetivo	Terapêutico Anárquico	Estético Conceitual
Material	Plástico	Eletrônico
Tempo de Apresentação	Evento (sem repetição)	Evento (alguma repetição)

Na prancha acima apresentamos um comparativo entre os pontos divergentes nas duas expressões.

38. Essa "vanguarda" não tem o sentido do novo pelo novo, do simples prazer de ser moderno, pelo gosto da ruptura. Pelo contrário, são movimentos subterrâneos, de trincheira, de luta contra o sistema, onde alguns idealistas buscam saídas e representações para a angústia do homem moderno.

136

Se no *happening* a marca é o trabalho grupal, na *performance* prepondera o trabalho individual – uma leitura de mundo a partir do ego do artista[39].

Essa tendência para o individualismo tem duas razões principais:

A primeira social, ligada à evolução cronológica que marca uma quebra, nos anos 70, com a visão integrativa proposta na década anterior. Os novos valores cultivados são o niilismo e o individualismo.

A segunda razão está ligada ao fato de uma série de artistas que estiveram ligados a grupos, no *happening*, partirem para sua experiência individual. Um exemplo é Spalding Gray que trabalhou alguns anos com o Open Theatre antes de partir para seu próprio trabalho.

Soma-se a esta individualização outra marca da *performance*, que é a de absorver, na arte cênica, alguns conceitos das artes plásticas.

Aí toda criação é individual. Nenhum pintor trabalha em grupo. O *performer* vai conceituar, criar e apresentar sua *performance*, à semelhança da criação plástica. Seria uma exposição de sua "pintura viva", que utiliza também os recursos da dimensionalidade e da temporalidade.

Na *performance* vai-se visar uma maior estetização Isso decorre tanto da necessidade de passar signos mais elaborados que demandam um maior rigor formal, quanto do desejo dos artistas de produzir uma obra mais delineada, menos bruta.

Nessa busca, que gera uma maior necessidade de controle no processo de criação-apresentação, vai-se ganhar em força sígnica, perdendo-se, em contrapartida, do lado libertário e terapêutico. Um exemplo claro dessa transição é a produção do Bob Wilson, cujas primeiras óperas enfatizavam uma criação mais livre, mais coletiva, trabalhando-se com muitas pessoas, na sua grande parte, pessoas comuns. Numa evolução de seu processo, Wilson passa a trabalhar muito mais com artistas e especialistas – Lucinda Childs, Andrew de Gro-

---

39. Uma das linhas de *performance*, apontada por Schechner ("Post Modern Performance: Two Views", p. 3) é o *self as context* onde a criação se dá a partir da vivência do autor. Exemplos dessa forma de trabalhar são Spalding Gray, Stuart Sherman, Elizabeth LaCompte etc. No Brasil Ivald Granatto, Aguillar etc.

at, Philip Glass são alguns desses artistas que o acompanham. Da mesma forma, suas óperas mais recentes irão ter uma marcação muito mais rígida que as primeiras.

Na *performance*, a exemplo do *happening*, a criação nasce de temas livres, da *collage* como estrutura, da livre-associação. A diferença em relação ao *happening* é que, depois de criados, os quadros vão ter uma *cristalização* muito maior, não se permitindo improvisos durante a apresentação.

O simples fato de as *performances* serem repetidas mais vezes que o *happening* (que em geral acontece uma única vez) e de envolverem uma produção muito mais sofisticada (com multimídia, *mise en scène* aprimorada etc.) vai exigir essa cristalização. Na *performance*, parte-se para o espetáculo e, nesse sentido, vai haver aproximação com o "teatro estético".

A possibilidade de intervenção do público numa *performance é* muito menor que no *happening*. Nos *happenings* do Living Theatre, de John Cage, Allan Kaprow e outros, o prosseguimento e o término do *happening* dependiam exatamente do público. Na *performance*, trabalha-se com o jogo dialético *performer* x personagem, tempo real *x* tempo ficcional, mas é menos comum ou imprevista esta abertura para o público. *Performances*, como *Lazarus* do Ping Chong ou *United States I-IV* de Laurie Anderson, são realizadas num clima em que o público é espectador, não sendo chamado a intervir.

O *performer* em relação ao praticante do *happening* necessitará de uma maior habilidade de artista para "segurar a cena". Justamente porque no *happening* não havia esse sentido de "cena", de "espetáculo", o condutor deste funcionava mais como um xamã, um catalisador, um mestre de cerimônias do ritual. A participação do público diminuía sua responsabilidade enquanto atuante – a ênfase do trabalho se dava na elaboração dos *sketc.hes* e na habilidade de improvisar diante de situações imprevistas.

Na *performance* esse "improviso" é muito menor. O *performer* tem que colocar algum preciosismo de artista em cena, seja sua habilidade gestual – caso, por exemplo, de Denise Stocklos, que tem uma forma totalmente pessoal de atuação – seja uma habilidade de compor quadros visuais – como Bob Wilson, o grupo Ping Chong e outros – seja uma voz surpreendente – como Meredith Monk etc.

138

Se no *happening* a ênfase está na utilização do material "plástico" – pela própria influência dos inúmeros artistas plásticos praticantes como Andy Warhol, Claes Oldenburg, Allan Kaprow e outros – na *performance* o "material de contorno" será o uso de tecnologia, de multimídia. Essa transformação é consequência da evolução da década em que todo o aparato desenvolvido pela tecnologia será absorvido pelo espetáculo. Um dos melhores exemplos dessa utilização de tecnologia eletrônica é a *performance* de Laurie Anderson.

Das Relações de Gêneros:
Proposta de um Modelo Topológico

A tentativa de localizar a *performance*, enquanto gênero, numa relação com outros estilos de arte cênica, é ao mesmo tempo difícil e contraditória. A *performance*, na sua própria razão de ser, é uma arte de fronteira que visa escapar às delimitações, ao mesmo tempo que incorpora elementos das várias artes. O mais pertinente é localizar esta expressão com estilos afins e apontar estilos divergentes.

O universo da *performance*, conforme detalhamos no Capítulo 1, é o da *live art*, havendo uma relação histórica com outros movimentos, como o futurismo italiano, o teatro da Bauhaus, o *cabaret* dadaísta, os manifestos cênicos surrealistas e, mais recentemente, com o *happening*.

Ao incorporar o uso da multimídia, visando a uma totalização das artes e na busca de um discurso cênico-poético, na sua forma mais pura, apoiada na imagética e na exploração dos recursos da linguagem cênica (descritos no início deste), a linguagem da *performance* se aproxima da cena proposta por Craig e Appia.

A corrente ritualística da *performance*, herança do *happening*, dá uma proximidade entre essa expressão e o Teatro da Crueldade de Artaud. Outras relações de proximidade são com o teatro dialético brechtiano, usando-se essa dialética tanto a nível do jogo personagem x ator como na dicotomia tempo/espaço real x tempo/espaço ficcional.

Se levarmos em conta o processo de atuação em que o *performer* trabalha sua idiossincrasia, desenvolvendo suas habilidades – em detrimento do desenvolvimento como intérprete de qualquer papel – a *performance* se aproxima tanto da *commedia dell'arte* quanto da arte circense.

Em termos de fronteira com outras artes, há uma aproximação, quer com a dança, quer com as artes plásticas. Há também um tangenciamento com expressões que não são consideradas artes (ritos terapêuticos, intervenções etc.).

Em termos divergentes, a *performance* se distancia do teatro que caminha segundo as proposições da cena aristotélica, apoiada na representação – convenção.

Enquanto o realismo, por exemplo, vai em busca da naturalidade (na interpretação), na *performance* vai se buscar o histrionismo, a "teatralidade"[40].

De uma forma genérica, a *performance* acaba conservando as principais características da linguagem cênica, ao mesmo tempo que incorpora elementos das expressões afins. Mais do que isso, a *performance* cria um *topos* de experimentação onde são "testadas" formas que não têm ainda lugar no teatro comercial.

Nesse sentido, existindo como um *topos* de pesquisa de linguagem, a *performance* funciona como vanguarda nutridora das artes estabelecidas.

---

40. O interessante é que existem também pontos em comum entre a cena naturalista e a *performance*: o teatro de Bob Wilson trabalha em certo sentido com a representação e o uso da quarta parede. O seu uso distinto da relação espaço-tempo e da forma de interpretação é que cria uma cena divergente da cena naturalista.

5. DO *ENVIRONMENT*:

ANOS 80 – PASSAGEM DE EROS PARA THANATOS

> *God Save the Queen*
> *The fascist regime*
> *It made you a moron*
> *A potencial H-bomb*
>
> *When there's no future*
> *How can there be sin*
> *We're the flowers in the dustbin*
> *We're the poison in your human machine*
>
> *There is no future*
> *No future for you*
> *No future for me...*

SEX PISTOLS
God Save the Queen

Niilismo e Esquizofrenia: um Retrato de Época

Se o artista funciona como uma espécie de antena que capta e transmite uma mensagem[1] – e para isso, mais do que

---

1. O artista seria aquele que recebe uma série de *inputs* dipersos, como todo mundo recebe, e que tem a capacidade de transformá-lo num *output*

uma sensibilidade aguçada ele dispõe de tempo e interesse de pesquisa – é fundamental, para se situar a arte de *performance* dentro de um contexto maior, analisar o "envoltório" para onde estão apontadas as antenas.

Para tornar mais claro o conceito de "envoltório", torna--se necessário entendermos o termo *environment*: essa palavra, que não tem uma tradução satisfatória em português, diz respeito ao clima, ao envolvimento, ao meio ambiente. Seria uma espécie de cor de fundo, não no sentido de uma mera referência estética e sim como uma "energia" que está no ar. Usando uma expressão da gíria, *environment* poderia ser traduzido por "astral". É esse "astral" que é consequência de fatos, comportamentos e, talvez, de um fator destino que é captado.

E qual é o "astral" que está sendo captado? Considerando os anos de 1980[2], o que se tem em relação à década passada é uma nítida quebra com a esperança que marcou aqueles anos. Não se sonha mais com a sociedade alternativa – o sonho *hippie* foi absorvido pelo sistema, e *slogans* pela paz e pelo amor soam ingênuos, quando não carolas.

Nos anos 80 vão continuar existindo movimentos de resistência, como o *punk*, só que agora revestidos de uma *persona* muito mais violenta – a ordem é combater o sistema com suas próprias armas. Se Eros marcou os decênios de 1960-1970 com o *flower-power*, o "amor livre", o retorno à natureza e aos cultos místicos, é Thanatos que rege os anos 80: cultuam-se as cores negras, a violência, o lado podre do sistema[3].

Tudo isso gera uma onda de niilismo, que vem abarcada de um escapismo romântico. No seu artigo "Juveniilismo, a

processado, em geral uma obra artística, que pode ser uma escultura, uma peça, uma música etc. e que vai servir como *input* processado para outras pessoas.

2. Como no Brasil a repercussão dos movimentos estético-filosóficos é defasada, os anos 80 aqui correspondem ao final dos anos 70 na Europa e Estados Unidos. As datas que aparecem no texto são referentes ao Brasil.

3. A ideia *punk* é existir como denúncia das coisas podres do sistema. Os conjuntos têm nomes como The Dammed, The Stranglers, Dead Kennedy etc. No Brasil, Etiópia, Cubatão, As Mercenárias, Ira etc. Suásticas, correntes, nomes de campo de concentração são incorporados como símbolos do que o sistema produz. *Punk* (podre) não é o movimento, é o sistema. Só que a incorporação dessa *persona* (do agressivo) produz uma reverberação sobre essa violência. Denuncia-se violência com mais violência.

144

Decadência na Moda"[4], Matinas Suzuki Jr. capta com precisão
esse clima. Destacamos a seguir um trecho do artigo:

> Não é difícil localizar alguns pontos de influência dessa nova
> onda de pintar o mundo com as cores da melancolia: um certo gosto
> pela maldição romântica – e suas ramificações contemporâneas – que
> passa pelo culto da imagem de putrefação existencial difundida pelo
> encantamento do ritmo dissoluto da vida *noir* de poetas e escritores;
> uma espécie de neodecadentismo cultivado sofisticadamente na
> *avant-garde* da música pop; um vago terror nas entranhas das cores
> expressionistas da jovem pintura; uma reciclagem do viver penum-
> brista; o hábito – redivivo de usar roupas negras, e por aí vai. Mas,
> sobretudo, uma alegria orgânica a qualquer sinal de otimismo ou
> orgulho telúrico.

Esse gosto pela maldição romântica – o neorromantismo,
ou *new romantic* – faz ressurgir elementos do movimento
romântico do século XIX, do culto a uma radicalidade que se
autodestrói, da fragilidade do puro – os heróis são cantores
como Sid Vicious e Ian Curtis[5], para citar alguns, precoce-
mente mortos. Vão ser cultuados como "totens fúnebres"[6].

Esse caminho doloroso, da chamada *via negativa* (nego
Deus desesperadamente na esperança de encontrá-lo) é forçosamente um caminho de destruição. É o caminho trilhado
por muitos artistas – Artaud é um dos melhores exemplos –
que não conseguem realizar (no ritmo e no nível desejado) seu
projeto de transcendência, ao mesmo tempo que não se con-
formam com o cinismo assumido pela sociedade.

A título de ilustração, já que não é nossa intenção apro-
fundar uma discussão tão polêmica, citamos em adição a esse
pensamento dois trechos de "The Aesthetic of Silence" de
Susan Sontag[7]:

---

4. *Folha de S. Paulo*, Folha Ilustrada, 10.08.85 p. 39. "Juveniilismo" é
uma fusão de juventude com niilismo. Como réplica e complemento a esse
artigo, Sérgio Augusto escreve no mesmo jornal, em 17.08.85 o artigo
"Velhiceticismo, a Descrença Está na Moda". É importante destacar que
Matinas situa sua observação numa restrita faixa de jovens de São Paulo.
5. Sid Vicious era guitarrista e letrista do Sex Pistols, o primeiro e mais
importante grupo *punk*. Morreu em 1979. Ian Curtis era o vocalista e
líder do grupo *punk* Joy Division. Suicidou-se com 24 anos, em 1980.
6. Em "Velhiceticismo, a Descrença está na Moda".
7. *Styles of Radical Will*, New York, Delta Book, 1966.

Art becomes the enemy of the artist, for it denies him the realization – the transcendence – he desires[8].

Silence in the sense as termination as a zone of meditation, preparation for spiritual ripening, an ordeal that ends in gaining the right to speak[9].

Sontag está falando da dupla tensão a que está submetido o artista, tanto a nível interno onde se confronta com suas emoções que, se são, por um lado, de difícil expressão, o são, por outro lado, "bombas de tempo", isto é, têm que imperativamente "sair para fora", tomar forma. Do lado externo, o artista tem a cobrança do público e a dificuldade do diálogo (muitas vezes criador e receptor não estão sintonizados na mesma frequência). Essa angústia interna e essa ruptura no diálogo conduzem ao silêncio. O silêncio do artista tanto é representado pela não produção quanto pela produção de obras que intencionalmente, ou não, não comuniquem.

Se a passagem para os anos 80 está marcada, de uma parte, por um niilismo (que muitas vezes desaguou no silêncio ou no ruído), de outro, vai estar, também, marcada por uma grande efervescência em termos de produção artística.

Os anos 80 são marcados pela *releitura*: cria-se a estética do *new wave*, do pós-moderno, que vem a ser uma retomada, um *remix*, embalado por uma tecnologia eletrônica que não existia na época, de tudo o que se produziu em termos de arte nesse século: surrealismo, *kitsch*, expressionismo, ultrarrealismo etc.

Esse processo de simbiose, de fusão das várias influências, não se caracteriza porém pela integração. A composição das diversas formas e ideias não se fecha pela síntese, e sim por justaposição, por *collage*. Muitas vezes esse processo será desintegrado: a própria estética que espelha o movimento – o pós-modernismo[10] – é definida como uma forma esquizofrê-

---

8. Trad. livre: "A arte se torna inimiga do artista, pois nega-lhe a realização que ele deseja – a transcendência".
9. "Silêncio no sentido de término, de uma zona de meditação preparatória para um amadurecimento espiritual, uma provação que acaba na conquista do direito de falar".
10. Não entraremos aqui na discussão se o pós-moderno se impõe como algo novo, justificando essa nova nomenclatura (na medida em que rom-

146

nica de composição. Charles Jencks, um dos principais idealizadores da arquitetura pós-moderna, observa o seguinte: "the building most characteristic of Post-Modernism show a marked duality, conscious schizophrenia"[11].

Na arquitetura pós-moderna vão conviver colunas jônicas com o néon. Funde-se o novíssimo com o clássico. É um lidar com os opostos, onde o movimento de ida e vinda muitas vezes tangencia a ruptura.

Da mesma forma, se extrapolarmos esse conceito da labilidade dos opostos para o homem – e, principalmente, para o criador dos anos 80 – veremos que ele convive com o sagrado e o profano (da meditação transcendental à prática orgiástica, entre o mítico e o banal, entre o eterno e o trivial, entre Eros e Thanatos). É lógico que tal convivência com opostos é intrínseca ao ser humano, mas nunca essa oscilação foi tão abrupta, nem os mecanismos de defesa (superego) tão frágeis como nesses tempos, provocando um contato esquizofrênico com a realidade.

Do New Wave *ao Pós-Moderno*: *Estética da Releitura*

O dia 24 de julho de 1976 marca o início do movimento *punk* em termos da mídia e da imprensa[12]. É o dia em que se realiza, no 100 Club de Londres, o 1º festival *punk*, contando com a participação, entre outros, dos grupos Sex Pistols, The Clash, The Dammed e Siouxssie and the Banshees.

Entre 1976 e 1978 o movimento *punk* começa a tomar corpo e pela primeira vez se ouve a expressão *new wave* prin-

pe conceitos do modernismo) ou se é apenas um movimento de continuidade, revestido de uma jogada mercadológica (de *marchands*). Uma discussão consistente sobre o assunto pode ser acompanhada em "Modernidade *versus* Pós-Modernidade" de JURGEN HABERMAS.
11. Trad. livre: "As construções mais características do pós-modernismo mostram marcante dualidade, que é esquizofrenia consciente". In *Post Modern Architeture*, p. 6.
12. Antes dessa data já havia um movimento incipiente, com grupos tocando em pequenos clubes e garagens, mas com o nome *punk* não significando nada ainda. Uma informação bastante detalhada do nascimento do movimento *punk/new wave* pode ser obtida em *The New Wave--Punk Explosion* de CAROLINE COON.

147

cipalmente associada à estética. Apesar das divergências – com alguns puristas considerando o *new wave* uma resposta "comercial" do sistema ao movimento *punk* – um e outro podem ser considerados "duas faces da mesma moeda"[13].

Se o *punk* se externa através do niilismo *dark* e congrega as tendências mais radicais – o *harcore, o skinhead* (alguns até se dizem inimigos dos *punks*) *o new wave* aparece sob a figura de "*hippies* apocalípticos", compondo tipos como moicanos, zens e seres futuristas. Ambas as tendências – o *punk* e o *new wave* – são essencialmente, na sua origem, movimentos de contestação que têm na música sua principal linguagem de propagação.

O ano de 1980 marca a entrada do *new wave* nos Estados Unidos, em clubes *underground*, como o C.B.G.B. e o Snafu, onde se tocam os novos grupos e se mostra a nova estética que chega. Nesse momento o movimento a nível artístico já é internacional e, entre os grupos e artistas de destaque que aparecem no início, podem se citar os ingleses David Bowie, Brian Eno, Gary Numan, Duran Duran, os alemães Kraftwerk, os americanos Blondie, Talking Heads e Laurie Anderson. Eles representam uma primeira geração *new wave.*

A partir daí, o movimento que existia apenas no circuito *underground* já está absorvido pela mídia e pela "indústria cultural" (indústrias de moda e fonográfica principalmente). Inicia-se a fase daquilo que se chamou "guerra de estilos", que vem a ser a multiplicação de tendências a partir do *punk* e do *new wave* – gótico, tecno-pop, ska, ôi, *rockabillity*, para dar alguns exemplos – surgindo com essas novas correntes dezenas de grupos.

Para se traçar um caminho histórico do movimento *new wave* e entender as origens da tendência *new romantic*, que nasce a partir deste e que recria temas e formas do movimento romântico do século XIX, é preciso se deslocar até Berlim.

A época é 1977 – o mesmo ano em que a corrente *punk* está se consolidando em Londres. Berlim é a metáfora viva da desintegração esquizoide da era moderna. É a cidade do muro, da separação, onde se dividem Ocidente e Oriente. E é para lá que os artistas vão, buscando nesse *environment* a inspiração para sua criação.

13. A expressão é de Caroline Coon.

148

Em Berlim, David Bowie – precursor dessa nova era – se junta a Brian Eno, o mago dos teclados, oriundo do Roxy Music. Juntos, eles vão criar três discos antológicos: *Low*, *Heroes* (1977) e *Lodger* (1979). Tais discos, marcados por um ascetismo futurista[14], vão dar os contornos do que virá a se chamar "estética *new wave*".

Tomando como ponto de partida as letras de Bowie e do disco *Big Science*, 1981, de Laurie Anderson – artista americana multimídica, que abre novas direções para o *new wave* – analisaremos alguns temas que são marcantes no movimento[15]:

As letras falam de personagens que geralmente são figuras arquetípicas – samurais, damas medievais, anjos, astronautas e heróis da raça humana (o Major Tom de David Bowie e o caçador de androides de *Blade Runner*, para citar alguns exemplos). Trata-se de um autêntico *revival* dos grandes temas românticos. É a volta do herói mítico que trafega num mundo de encantamento. Seus inimigos são os "monstros" e as ignomínias criadas pelo sistema.

Se essa evocação do romântico indica um certo escapismo de uma realidade – dos anos 80, que é brutal e irreversível – por outro lado, o *new wave* é marcado, através de suas letras e de sua estética (que às vezes se reveste de um realismo chocante), por uma feroz contestação ao sistema: Bowie fala dos horrores do sistema – "I feel like in a burning building" e "I am barred for the event/I really dont't understand the situation/so where's the moral/people have their fingers broken/to be insulted by these fascists/It's so degrading/It's no game"[16].

14. O artista é um *searcher*, buscador, que procura o transcendental, que crê. Nesse sentido ele é um asceta. Esteticamente, o movimento se reveste de uma forma futurista.

15. Incluímos nessa observação também exemplos de filmes, *videoclips*, textos etc. que são representativos do pós-modernismo e do *new wave*. No apêndice deste trabalho apresentaremos a relação completa das fontes multimídicas que foram utilizadas para a nossa pesquisa.

16. Trad. livre: "Eu me sinto como que num edifício em chamas" e "Eu me confronto com os impedimentos/Eu não consigo entender a situação/então, onde está a moral/as pessoas têm seus dedos quebrados/para ser insultadas por esses fascistas/É tão degradante/e não é uma brincadeira" (*Scary Monsters*, 1980).

Laurie Anderson é irônica: "I just want to say thanks. Thanks for introducing me to the chief"[17].

Os cenários *new wave* (vistos através de *videoclips*) são sempre fantásticos, observados através de tomadas de câmara extravagantes: *closes* e afastamentos rápidos, câmeras lentas e aceleradas, muito uso de filtro e lentes de distorção, filmagens a partir de ângulos incomuns – de cima, de baixo, invertido etc. As cores vão do artificial ao hiper-realismo. O clima onde alguns *videoclips* se passam é de um alegre pesadelo, onde se trabalha numa relação espaço-tempo subvertida e com uma sucessão de imagens que são apresentadas em velocidade superior à capacidade de percepção humana, provocando uma cognição supraconsciente, que visa atingir diretamente (pelo processo subliminar) o inconsciente. O processo de criação do *videoclip* procura imitar o processo onírico. O resultado pode ser chamado de "surrealismo eletrônico"[18]. Para dar um pequeno exemplo, no *videoclip* de *Ashes to Ashes* (música de Bowie) sucedem-se imagens dele como pierrô, como uma criança frente a uma mãe enérgica, numa cena de sonho ao lado de damas e cavaleiros medievais, numa sala forrada para psicóticos, num escafandro no fundo do mar etc.

Os cenários são incomuns e os cortes se dão rapidamente de uma tomada para outra.

O *new wave* fala também de multidões "androtizadas", de pessoas sem rostos diferenciados, como nos quadros de Magritte. Na foto que segue, apresentamos a capa do disco *Computer World* (1981) de Kraftwerk.

Os homens são presas de seus destinos ("which in fact, he turned out to be" – Laurie Anderson) e parecem incapazes de qualquer reação.

Outro exemplo desse pesadelo futurista é o filme *Brazil*, que reproduz o universo de 1984 de Orwell e que tem uma técnica pós-moderna de filmagem.

---

17. Trad. livre: "Eu só quero dizer obrigado. Obrigado por me apresentar ao chefe". Este texto aparece em *Big Science* e é enunciado por uma voz robotizada, que alude às pessoas colonizadas pelo sistema, até um nível esquizoide.

18. Seria um surrealismo mais próximo a Magritte, por exemplo, porque as imagens guardam uma relação realista com os objetos representados.

Temas NEW WAVE.

Os fatos e os dramas abordados no *new wave* são internacionais. As imagens reproduzem um mundo do futuro, sem fronteiras, provavelmente de língua inglesa com marcante influência japonesa (de novo lembramos de *Blade Runner*). Não se fala de países, de fronteiras. Porém, o contexto *wave* é sempre urbano, pós-industrial. A linguagem utilizada é internacional – uma das músicas de Laurie Anderson é *Dear Amigo* (fusão do inglês com o espanhol). O título do disco de David Bowie é: *Lodger – Locataire – Untermiter – * ロヅキリ- (inglês, francês, alemão e japonês). No Lp *Scary Monsters* uma das músicas é cantada em japonês (o Japão que consegue fazer as sínteses moderno-tradicional, sacro-profano, oriente--ocidente, é uma das grandes fontes de inspiração para o movimento *new wave*).

Finalmente, na comparação do *new wave* com o *punk*, enquanto ideologia, poderíamos dizer que o *new wave*, que pode ser englobado numa corrente maior, caracterizado pelo jargão "Pós-moderno", se propõe a uma releitura do *kitsch*, do surreal, do dadá, do expressionismo, em suma, de tudo o que se produziu em termos de estética e ideologia na modernidade – e, na medida que "relê", está aceitando uma cultura. Dessa forma, o *new wave* se carrega de Eros. O *punk* aparece como quebra, não se propõe a fazer releitura de uma cultura – que é vista como terminal e nessa medida se carrega de Thanatos. Porém, como já dissemos, *punk* e *new wave* são corpo e alma de um mesmo movimento[19].

O Darkismo Punk: Culto à Thanatologia

A geração anos 80 é a geração *"no future"*. Vivemos a era em que o capitalismo entra na sua fase terminal[20] e o comunismo burocrático se mostra cada vez mais paquidérmico e podre.

19. O próprio *environment* se encarrega de dar vida a essa metáfora: a peste que assola nosso tempo se transmite pelo ato de amor. Thanatos se insinua através de Eros.
20. A expressão "capitalismo terminal" é de uso corrente e alude tanto à decadência desse sistema que se fragiliza cada vez mais diante da relação absurda entre Primeiro e Terceiro Mundos (se houver moratória em massa todo o sistema se quebrará), quanto às populações que estão à margem do consumo, e que ingressam na sua fase terminal.

152

O criador *punk* se insurge contra as velhas retóricas, ao mesmo tempo que se digladia com os ferozes mecanismos da mídia[21].

Em "The Aesthetic of Silence", Susan Sontag, fala de uma *corrupção do discurso*:

> Human beings are so "fallen" that they must start with the simplest linguistic act: the naming of things. Perhaps no more than this minimal function can be preserved from the general corruption of discourse[22].

Essa corrupção do discurso se dá tanto a nível do texto verbal quanto do texto composto a partir de imagens. O sistema *manipula o* real. Como o objetivo final sempre é mercadológico, a mídia (televisão, agência de publicidade etc.) procura conferir uma "aparência de vida" a situações totalmente artificiais.

O criador *punk*, consciente dessa corrupção, e não compactuante com o cinismo do sistema, vai utilizar o horror, o culto à tanatologia como forma de externação de ideologia. Metaforicamente, é um movimento semelhante ao do mar que devolve à terra todas as impurezas que nele foram jogadas (como já dissemos, o *punk* exibe tudo o que o sistema produziu de podre – Auchwitz, Malvinas, Etiópia, Bomba H etc.).

Apesar dessa postura de destruição, o *punk* não é totalmente niilista, na medida em que, propondo o choque, está propondo luta – e, na medida em que se coloca como um movimento de resistência, o *punk* se imbui de vida (luta-se por alguma coisa). Pela nossa formulação, se imbui de uma

---

21. A mídia, representada pelos chamados "meios de comunicação" e pela propaganda, se encarrega de transformar qualquer movimento estético-filosófico em moda e, consequentemente, capitalizar em cima dele. Ocorre que nessa passagem – pela mídia – não vai acontecer a mera propagação do movimento (que seria benéfica) e, sim, a sua "pasteurização" para ser transformado em "produto". Essa "pasteurização" arrasa qualquer tentativa de resistência cultural. Tudo é transformado e absorvido pelo sistema.

22. Trad. livre: "Os valores humanos estão tão 'degradados' que se deveria recomeçar do mais simples ato linguístico: o de dar nome às coisas. Talvez nada mais do que esse simples ato possa ser preservado da corrupção generalizada do discurso". (*Styles of Radical Will*).

153

parcela de Eros; o verdadeiro tanatólogo seria o esquizoide, aquele que não tem mais pulmões, que não resiste mais.

De uma forma sintética, é dentro desse *environment* dos anos 80 que a arte de *performance* se insere. Na verdade existe uma profunda consonância entre a *performance* e essas expressões estético-filosóficas, seja pelas raízes (o romantismo, o niilismo nietzschiano, os movimentos da modernidade: dadá, surrealismo, expressionismo etc.), seja pela forma de externação que deságua no que se tem chamado de pós-moderno.

Num momento em que se caminha para uma totalização das partes, em que fica difícil dissociar a qual mídia pertence determinado artista – e isso acaba se dando pela tônica do trabalho – podemos dizer que a *performance* é uma das pontas do movimento. Artistas originalmente ligados à música, como David Bowie, Laurie Anderson, David Byrne, o grupo inglês Bauhaus, para citar alguns exemplos, transformam suas apresentações, ao vivo, em verdadeiras *performances*, com grande preocupação com o fechamento estético-ideológico dos seus *shows*. Quando nos referimos à ideologia, estamos entendendo os signos que vão sendo introduzidos, nessas *cenas-shows*, e o contexto em que eles aparecem (letras e imagens se completam numa composição que dá a característica ideológica).

Podemos dizer, portanto, que a *performance* é a canalização, dentro do veículo teatro, do pensamento estético-filosófico que se irradia desses movimentos.

A linguagem *performance* favorece, enquanto *collage*, a externação dessa ideologia, na medida em que o artista tem total liberdade de manipulação (ao contrário de outras linguagens teatrais em que essa possibilidade é limitada). Nesse sentido, o criador da *performance*, enquanto "colador", dispõe de poder de estabelecer uma expressão de resistência.

154

6. DOS LIMITES:

PERFORMANCE COMO *TOPOS* ARTÍSTICO DIVERGENTE

> *The main and most important issue is that the body and performance art forms will probably engage the imaginations of more artists, more of the time, in the art of the future, than any other art from of our time.*
>
> GREGORY BATTCOCK[1]

Live Art e Performance *como* Topos *Artístico Divergente*

A observação do fenômeno artístico *performance* considerada a partir da experimentação prática – tanto no exterior quanto no Brasil – e de uma confrontação com outras linguagens estéticas do século XX nos conduz a duas conclusões importantes:

Primeiro, que tanto pelas suas características de linguagem – uso de *collage* como estrutura, predomínio da imagem

---

1. GREGORY BATTCOCK, *The Art of Performance*, p. 96. "O essencial é que a arte de *performance* e a *body art* vão, provavelmente, engajar a imaginação de um número maior de artistas, por um tempo maior, para a arte do futuro, que qualquer outra forma de arte de nosso tempo".

sobre a palavra, fusão de mídias etc. – quanto pelas suas premissas ideológicas – liberdade estética, arte de combate etc. – a *performance* não pode ser considerada como uma expressão isolada e, sim, como uma manifestação dentro de um movimento maior que à falta de um nome mais consagrado estamos chamando de *live art*[2]. Dessa forma a *performance* é o elo contemporâneo de uma corrente de expressões estético-filosóficas do século XX da qual fazem parte as *seratas* futuristas, os manifestos e *cabarets* dadá, o teatro-escândalo surrealista e o *happening*.

A *performance* é portanto a expressão dos anos 1970/1980, estabelecendo, apesar da confusão no Brasil, uma clara distinção com o *happening*, havendo em relação a este um *aumento de esteticidade* obtida através do aumento de controle sobre a produção e a criação – em detrimento de espontaneidade e um aumento de individualismo – com maior valoração do ego do artista criador – em detrimento do coletivo e do social, privilegiados no *happening*.

Ao mesmo tempo, ao final dos anos 80, a *performance* enquanto expressão de pesquisa de linguagem já mostra sinais de esgotamento. Percorrendo, com uma linguagem de fronteira, sempre caminhos novos que visam eliminar redundâncias, e, isto se dando não por uma necessidade de apologizar-se o que é vanguarda, mas sim, pela necessidade imperativa da arte – e também da ciência – de caminhar sempre em frente tentando aproximar-se da verdade, essa expressão tende a padecer de um altíssimo grau de obsolescência.

Além de ser uma expressão que trabalha com graus muito pequenos de redundância, cobrando de seus praticantes uma altíssima criatividade e reciclagem e tendo por essa característica uma vida útil datada, a *performance* sofre esgotamento filosófico, na medida em que apesar da sociedade entronizar o individualismo, setores mais sensíveis desse meio, onde os artistas buscam suas fontes, já não aceitam uma arte que exacerba o ego do artista – mesmo que sua mensagem seja antissistema – preferindo apostar numa linguagem mais humanista.

---

2. Lembramos que essa nomenclatura foi utilizada por CAROLINE COON em *Performance*: *Live Art – 1909 to the Present*. JORGE GLUSBERG, *A Arte da Performance*, utiliza a expressão *body art* como termo aglutinador.

O fato é que esse esgotamento identifica não só uma morte e, sim, um nascimento eminente de uma nova expressão, porque assim como a ciência caminha de forma progressiva e transformativa (a destruição de um modelo forçosamente impulsiona a criação de um substitutivo superior) da mesma forma a arte e particularmente a corrente que chamamos de *live art* é autorreciclável, trabalhando com os elementos básicos do homem, reportando-se sempre ao que o homem tem de mais primitivo e essencial, rompendo sempre que possível com a representação e não correndo por isto risco de aniquilação, ao contrário de outras "modas" inventadas pelo sistema.

É importante enfatizar então o legado que os artistas praticantes da *performance*[3] deixam atrás de si; para citar só alguns exemplos, podemos falar do *minimalismo* que é uma forma genial de se trabalharem as estruturas essenciais do discurso humano – dando nova luz ao apontar as bases de certos sistemas mitológicos, filosóficos, semiológicos (como os cientistas que identificam estruturas químicas básicas constitutivas dos organismos vivos) etc. e permitindo, ao mesmo tempo, o desdobramento de leituras e a superposição de obras. Dessa maneira, por exemplo, pode-se organizar uma leitura-*collage* baseada em toda obra de Shakespeare, a partir da extração de elementos essenciais[4] que se repetem em toda a sua obra e contrapor-se isso a elementos da obra de Kafka, ou à mitologia bíblica por exemplo.

Outra contribuição importantíssima é a de, através da exacerbação da "imagem emocional", se resgatarem em certas *performances estruturas* arquetípicas básicas e situações que pertencem ao inconsciente coletivo de toda comunidade.

Dessa forma, nesses anos recentes, algumas *performances* transformaram-se em alguns dos últimos redutos não contaminados pelos tentáculos do sistema, onde praticantes e plateia mantiveram viva a ritualização de situações antropo-

---

3. Esses artistas, que são pesquisadores na sua essência, funcionam como uma espécie de "cientistas da arte", legando suas descobertas para serem aproveitadas por uma arte mais massiva e continuando seu trabalho de desbravar novas fronteiras do conhecimento humano.
4. Essa extração dos elementos essenciais não é feita de uma maneira racional, intelectual e sim de uma maneira intuitiva, quase sensitiva com a utilização de todos os elementos psicofísicos de captação.

lógicas e práticas essenciais à preservação da psique coletiva da comunidade.

A segunda conclusão importante é que a *performance* e a *live art* como um todo, apesar de terem as características por nós formuladas como definidoras da expressão cênica – texto, público, atuantes, intervindo ao vivo num determinado espaço – ocupam um *topos* divergente daquele ocupado pelo teatro (ou o conjunto de manifestações que se definem como tal).

A evocação do nome "teatro" – principalmente no Brasil – estabelece uma expectativa de público, dos praticantes, da crítica e principalmente da mídia (representada pelos meios de comunicação) que diverge da ideia de *performance*. *A performance* a partir do termo visa escapar da ideia "teatro" ou, pelo menos, do que se conota a "teatro".

A linguagem "teatro" está amarrada – mesmo que de uma forma inconsciente – a correntes ancestrais, tendo todo um tipo de comprometimento com representação, dramatização, ritualização etc. que a tornam "pesada" demais para servir como suporte de certas experiências cênicas mais ágeis que têm maior pertinência com linguagens de experimentação[5].

Ao mesmo tempo, o teatro enquanto linguagem se estabelece como uma forma estrutural com regras – que variam de estilo para estilo – de composição dos signos construídos, assim como a dança ou a linguagem de vídeo também têm as suas. A *performance* flutua entre essas várias linguagens podendo, como já enfatizamos, ser classificada como uma expressão cênica.

Porém, a nível de completitude essa classificação será muito mais abrangente se considerarmos a *performance* antes como um *topos* divergente que esporadicamente atravessa fronteiras e ocupa espaços pertencentes ao teatro, do que como uma vanguarda teatral que o espaço de influência dessa linguagem amplia.

---

5. Fica claro também que certo tipo de teatro classificado como "teatro experimental" tem grande aproximação com a linguagem de *performance*, porém uma montagem de Beckett, por exemplo, por mais que rompa com a estrutura do teatro tradicional não chega a atingir a *performance*.

160

Da Experiência Brasileira: Limites

Em fins de 1986, a expressão *performance* ainda é praticada com bares e *cabarets* com o Off, o Zoster e o Madame Satã[6]. A Funarte prepara-se para realizar o II Evento Nacional de *Performance*.

A noção que fica para o público brasileiro é que a *performance é* um conjunto de *sketc.hes*, ligeiramente ensaiados, apresentados poucas vezes e em lugares alternativos, utilizando uma técnica em que prevalece o movimento corporal e a utilização de elementos plásticos – a *performance é* o teatro do artista plástico segundo colocação de Guto Lacaz – em detrimento do texto falado e da composição de personagens.

O público que acompanha as *performances* é um público de iniciados, composto por uma maioria de artistas – e não de leigos – das mais diversas artes[7].

Esse público brasileiro não toma contato, como já colocamos anteriormente, com um outro tipo de trabalho que, à guisa de nomenclatura, estamos chamando de *performance art*.

O trabalho da *performance art* se vale dos mesmos elementos utilizados nas *performances* brasileiras – a fusão de linguagem, o uso de tecnologia, a liberdade temática, a tonicidade para o plástico e para o experimental.

O que vai diferenciar esses trabalhos da *performance art* é o nível de preparação, onde são gerados espetáculos suportados num trabalho de produção e de pesquisa muito mais sólido. As criações resultantes desse processo têm um resultado estético muito mais contundente, aliada a uma exploração temática e a uma formalização que a distinguem de trabalhos de teatro.

6. No dia 29.11.86, às 22 horas, assisto à *performance Zoique* de Didi Nascimento e Valéria Kimachi no Madame Satã: "os dois *performers* entram em cena seminus, separados, dentro de plásticos transparentes e acompanhando um som tribal fazem evoluções corporais que aludem a nascimento, morte, acasalamento e outras funções vitais. Trata-se de uma *performance* extremamente simples e curta (10 minutos), mas que carrega dentro de si toda a vitalidade da expressão.

7. O que consubstancia a tese de que a *performance* é um *topos* de experimentação onde outros praticantes vão buscar referências.

161

Exemplos deste tipo de trabalho são *performances* de artistas como Laurie Anderson, Spalding Gray, o grupo Ping Chong, os espanhóis da Fúria de Barcelona etc.[8]

Num momento em que a *performance* enquanto linguagem de pesquisa já entra na sua fase terminal a produção brasileira aporta para as seguintes vertentes:

De um lado, a dos *performers* oportunistas, em maior quantidade, que realizam trabalhos de extrema gratuidade – em geral alguma coisa "engraçadinha" ou algum erotismo inócuo – que é consumido ou por um público de amigos ou, como aperitivo, por um público que espera uma banda de *rock*. Esses "artistas" são herdeiros do mau *vaudeville* e contribuem com sua experimentação vazia para exacerbar os detratores da arte de pesquisa – composta por uma massa de burocratas, ignorantes e misoneístas – fechando com isto preciosos espaços e oportunidades de pesquisa.

Um outro grupo de artistas, com um trabalho e uma pesquisa mais consistente, caem numa outra armadilha perigosa, que é a da compactuação e exposição exagerada com a mídia[9].

A sua produção passa a ser feita sob encomenda, com data e temas encomendados para eventos produzidos pela mídia, assumindo um tal grau de cumplicidade que extingue, por um

---

8. No Brasil, experiências deste tipo são limitadíssimas e incapazes de documentar a potencialidade desse universo. A título de ilustração, é importante citar que a montagem de *O Espelho Vivo – Projeto Magritte*, espetáculo em multimídia baseado em imagens e situações criadas pelo pintor René Magritte, da qual participei como criador e encenador e que foi apresentado em maio de 1986 no Centro Cultural São Paulo, causou grande sensação no público e na crítica, principalmente pela surpresa com as possibilidades de uso de linguagem e pela forma inusitada de atuação dos *performers*. Esse trabalho à falta de uma crítica para a *performance art* foi enquadrado como teatro e pelo mesmo recebi indicação de revelação do ano pelo INACEN. Afora isso, essa montagem, que caminha como trabalho prático paralelo a essa pesquisa, desencadeou uma procura muito grande por parte de artistas, o que atesta ao mesmo tempo a potencialidade e a carência em que estamos mergulhados, onde trabalhos como esse são acontecimentos completamente isolados.

9. Hoje assistimos ao nascimento de uma nova categoria – a dos *midiotas* (idiotas da mídia) que sucede à dos vidiotas, os quais são uma massa de indivíduos consumistas que seguem os ditames de pessoas que controlam as *mass-media*, pessoas estas que reduzem a vida e a história alguns adjetivos e rótulos.

lado, o tempo da criação que é diverso do tempo da produção e, principalmente, perde a isenção para a crítica ao sistema que a linguagem impõe. É lógico que é muito difícil manter-se à margem do sistema, mas a história mostra que, quando a arte envereda por esses caminhos, ela perde capacidade de renovação e de criação de novos referenciais, cumprindo apenas uma função de consumo e entretenimento.

Essas duas vertentes conservam de bom apenas uma característica que é a de liberdade, enquanto expressão, produzindo algo como um anarquismo estético.

Alguns outros artistas continuam empenhados na busca de uma nova linguagem que trabalhe dialeticamente as potencialidades do homem e suas relações com o meio ambiente, conservando ao mesmo tempo a liberdade e a radicalidade que são essenciais para a existência da arte. Acredito que, dentro do ruído atual, a maioria desses artistas se encontre em silêncio.

Do Futuro: *Mídias Dinâmicas como Suporte de uma Arte de Resgate*

A arte lida com verdade, lida com transcendência, lida com imanência, é um dos veículos para o ser humano tomar contato com estados superiores de consciência. O artista lida com as dialéticas corpo/alma, cabeça/coração (razão/emoção), vida/morte, que são estruturais à condição humana. O verdadeiro artista lida com abstração, tendo consciência que a mídia é apenas uma função de transporte, o corpo para uma alma (que é esse ato artístico), o suporte para se atingirem os propósitos mencionados.

A prisão à mídia, ao suporte, ao mero referencial leva à exacerbação de corpos sem alma, estátuas sem vida: a ideia de separação/fragmentação é associada às teorias econômicas do século XX – já em franca decadência – que compartimentalizam o homem em especialização e limites dos quais ele não pode escapar. E os artistas caem nessas armadilhas. Não existe uma arte fragmentada, não existe teatro sem dança. Caminhamos para uma arte total, para uma transmídia, para a eliminação de suportes que impedem ou que se tornem mais importantes que a própria *transmissão* da mensagem artística.

Caminhamos, de um lado para mídias cada vez mais complexas – tecnologicamente falando – e dinâmicas, tendo na transformação sua função básica, e, de outro lado, para o eterno resgate das funções essenciais do homem, permitindo entendê-lo como um ser harmônico e inteiro. Nesse ponto, Battcock (ver citação) é um visionário, percebendo que linguagens como a *performance* e a *body art* que lidam com a dialética (uso de suportes/ essencialidade), terão muito mais eficácia de comunicação que as linguagens estéticas de arte.

BIBLIOGRAFIA

Livros

BATTCOCK, Gregory. *The Art of Performance*. New York, E. P. Dutton, Inc., 1984.

BIVAR, Antonio. *O que é Punk*. São Paulo, Brasiliense, 1982.

BRECHT, Stefan. *L'Art de Robert Wilson*: *Le Regard du Sourd*. Paris, Christian Bourgois Editeur, 1972.

BRECHT, Stefan. *Queer Theatre*. New York, Suhrkamp Verlag, 1978.

BROCKET, Oscar G. *The Essential Theatre*. New York, Holt, Rinehart and Winston, 1976.

BROWN, Norman O. *Life Against Death. The Psychoanalythical Meaning of History*. New York, Vintage Books, 1959.

BRUSTEIN, Robert. *Revolution as Theatre*: *Notes on the Radical Style*. New York, Liveright, 1971.

CHARLESWORTH, Chris. *David Bowie Profile*. London, Proteus Ltd., 1981.

COELHO NETO, J. Teixeira. *Uma Outra Cena*. Tese de Doutoramento. São Paulo: Escola de Comunicações e Artes, USP, 1981.

COON, Caroline. 1988 – *The New Wave-Punk Rock Explosion*. London, Omnibus Press, 1982.

FABRIS, Annateresa. *Futurismo*: *Uma Poética da Modernidade*. São Paulo, Perspectiva, 1987.

GALIZIA, Luiz Roberto. *Os Processos Criativos do Robert Wilson*: *Trabalhos de Arte Total para o Teatro Contemporâneo*. São Paulo, Perspectiva, 1985.

GLUSBERG, Jorge. *A Arte da Performance*. São Paulo, Perspectiva, 1987.

GOLDBERG, Rose Lee. *Performance*: *Live Art from 1909 to the Present*. London, Cox and Wyman Ltd., 1979.

JENCKS, Charles. *The Language of Pos-Modern Architecture*. London, Academy Editions, 1977.

KIRBY, E. T. *Total Theatre*. New York, Dutton, 1969.

KOSTELANETZ, Richard. *Text-Sound Texts*. New York, Willian Morrow and Co. Inc., 1980.

KRIM, Seymour. *The Beats*. São Paulo, Brasiliense, 1968.

LEBEL, Jean Jacques. *Le Happening*. Buenos Aires, Ed. Nueva Vision 1966.

LOGAN, Nick. *The Illustrated New Musical Express Encyclopedia of Rock*. London, Salamander Books Ltd., 1976.

MANONNI, O. *Chaves para o Imaginário*. Petrópolis, Vozes, 1973.

MORTEO, Gian Renzo. *Teatro Dada*. Barcelona, Barrei Ed., 1971.

ORENSTEIN, Gloria. *The Theatre of The Marvelous*: *Surrealism and the Contemporary Stage*. New York, New York University Press, 1975.

ROSZAK, Theodore. *A Contracultura*. Rio de Janeiro, Vozes, 1972.

SCHLEMMER, Oskar. *The Theater of The Bauhaus*. London, Eyre Methuen, 1961.

SHANK, Theodore. *American Alternative Theater*. New York, Grove Press. Inc., 1982.

SONTAG, Susan. *Styles of Radical Will*. New York, Delta Book, 1966.

STEARNS, Robert. *Robert Wilson – From a Theatre of Images*. Cincinnati, The Contemporary Arts Center, 1980.

STEIN, Jack M. *Richard Wagner and the Synthesis of the Arts*. Detroit, Wayne State University Press, 1960.

TISDALL, Caroline. *Joseph Beuys*. New York, The Solomon Guggenheim Museum, s/d.

TOMKINS, Calvin. "Il Comprimento di un Ciclo". In: *Il Theatro di Robert Wilson*. Venecia, Franco Quadri, 1976.

TORCZYNER, Harry. *Magritte, Signes et Images*. Paris, Draéger Editeur, 1979.

WATTS, Alan W. *Psychotherapy East and West*. New York, Pantheon Boons, 1961.

Artigos

ALMEIDA, M. "Circo de Catarses." *Primeira Mão*, 9.8.1984.

AMARANTE, L. Vanguarda. "Arte Brasileira em Síntese com o Mundo?" *O Estado de S. Paulo*, p. 25, 24.7.1984.

AUGUSTO, S. "Velhiceticismo, a Descrença Está na Moda." *Folha de S. Paulo/Ilustrada*, 17.08.1985.

BANES, B. "Performance Anxiety." *The Village Voice*, p. 27, 30.12.81. In XERXES MHTA, "Versions of Performance Art", p. 192.

BITHER, D. "John Cage, A Grand Old Radical." *Horizon*, 23 (12) 1.8.1980.

BREWER, M. "Performing Theory." *Theatre Journal*, pp. 12-30, mar. 1985.

BROWN, J. F. "Aleister Crowley's Rites of Eleusis." *The Drama Review*, 22, (2) 3-26, 1978.

CREESE, R. "Antroposophical Perfomance." *The Drama Review*, 22 (2) 45-74. 1978.

CUMMINGS, S. "United States: Parts I-IV." *Theatre Journal*, 36 (2) 249-252, 1984.

DARTER, T. "John Cage – Fountain Head of the Avant Garde." *Keyboard Magazine*, 5 18-30, 1982.

DAVIS, P. "Performance Toward a Semiotic Analysis." *The Drama Review*, 25 (3) 93-104/1980.

GORDON, M. "Gurdjieffs Movement Demonstrations: The Theatre of the Miraculous." *The Drama Review*, 22 (2) 32-44, 1978.

HABERMAS, J. "Modernidade Versus Pós-Modernidade." *Arte em Revista*, 7 86-91, 1983.

HIGGINS, D. "The New Humanism." *Performance Arts Journal*, 11 23-32, 1978.

ISMAEL, J. C. "Collage em Nova Superfície." *O Estado de S. Paulo*. Suplemento Cultural, p. 9, 23.9.1984.

KOENIG, C. "Meredith Monk: Performer-Creator." *Drama Review*, 20 (3) 51-66, 1976.

KOSTELANETZ, R. "Art in the Culture." *Performing Arts Journal*, 11 71-85, 1978.

LEIRNER, S. "A Perda de Uma Excelente Oportunidade de Revelação." *O Estado de S. Paulo*, 7.8.1984.

LONGMAN, S. "The Spatial Dimension of Theatre." *Theatre* Journal, 31 (1) 46-59, 1981.

LOTRINGER, S. "Trans Semiotic Analysis: Shaggy Codes." *Drama Review*, 22 (3) 88-94, 1978.

MACIEL, L. C. *Encruzilhada da Contracultura.* (mimeog.) s.d.c.

MAGUIRE, M. "The Site of Language." *The Drama Review*, 27 (4) 54-69, 1983.

MARRANCA, B. "The Politics of Performance." *Performing Arts Journal*, 16, p. 62. In XERXES MEHTA, *Versions of* Performance Art", p. 192.

MEHTA, X. "Some Versions of Performance Art." *Theatre Journal*, 36 (2) 164-198, 1984.

NAHSHON, E. "With Foreman on Broadway: Five Actors' Views." *Drama Review*, 20 (3) 83-100, set. 1976.

OLF, J. "Acting and Being: Some Thoughts About Metaphysics and Modern Performance Theory." *Theatre Journal*, 31 (1) 34-45, 1981.

PEDROSO, H. S. "Absurdo da Realidade: O Movimento Punk." In: *Cadernos IFCH/Unicamp*, 6, 1983.

PELZER, B. "Questions a la Performance." *Théâtre/Public*, 62, 61-63, 1985.

ROSENFELD, A. "Living Theatre e o Grupo Lobos." *Arte em Revista*, 5, 1973. ROTH, M. "Toward a History of California Performance ML" *Arts-94-104*, fev. 1978.

SCHECHNER, R. "Post Modern Performance: Two Views". *Performing-gs Arts Journal*, 11 9-22. 1978.

SOLOMON, R. "Alan Finneran's Performance Landscape." *Drama Review*, 22 (3) 95-106, 1978.

SOMMER, S. "Actors Issue: Joanne Akalaitis of Mabou Mines." *Drama Review*, 20 (3) 4-16, set. 1976.

SUZUKI JR., M. "Juveniilismo, a Decadência na Moda." *Folha de S. Paulo/Ilustrada*, p. 39. 10.8.1985.

APÊNDICE

ENTRE A BALEIA E O TIGRE
= AÇÃO DE DESTRUIÇÃO DOS SIGNOS PROTETORES (BALEIA) E INCORPORA SIGNOS IRRACIONAIS; (TIGRE) DUA EXISTENTE ENTRE O BEM E O MAL CONSCIENTE E DO INCONSCIENT

Lógica versus Acaso
PERFORMANCE / PRESEPADA DE PAULO BRUSCKY

A ARTE COMO UM JOGO
UM DRIBLE
O ACASO ALIADO À OUSADIA

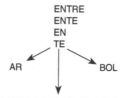

A ARTE COMO UM "CHUTE"
UMA OBRA COM VÁRIOS "CHUTES"
UM JOGO PERFORMANCE
UMA PRESEPADA.

Duração aproximada: 10 minutos
Projeção de slides
música/vozes de:
Marcel Duchamp/Paulo Sérgio Duarte/Richard Hamilton/
Transmissão de uma partida de futebol/
John Cage, Walter Smetack, Hermeto Pascoal

Material fonte

Classificamos como material fonte todo material bruto, primal, que foi utilizado como referência para a elaboração da pesquisa.

Para efeito de classificação, distinguimos o material primal como sendo aquele que não é analítico; nesse sentido, o roteiro de uma *performance* estará incluído no material fonte e uma análise sobre a mesma estará relacionada na bibliografia.

Pelo fato do tema que estamos tratando ser de alcance multimídico, a pesquisa do material fonte não se restringiu apenas às fontes textuais.

Consideramos portanto como material fonte roteiros de peças e *performances*, textos, *storyboards*, manifestos de artistas.

Quanto às *performances*, a classificação se divide em duas partes, uma relativa às *performances* realizadas no exterior, da qual tivemos contato por via de fotos, roteiros, comentários etc. – nesse item procuramos relacionar as *performances* dos artistas e grupos que julgamos mais significativos; na outra relação incluímos as *performances* realizadas no eixo Rio-São Paulo, das quais presenciamos a maior parte. Essa relação serve inclusive para ilustrar o que de mais significativo aconteceu em termos de arte de *performance* no Brasil (no período de 1980 a 1986).

Fontes textuais

Roteiros de Peças/Performances[1]

ANDERSON, Laurie. *For Instants* (1976). In: *Performance Live Art 1909 to the Present.* London, Cox and Wyman, 1979, 112.
————. *"United States: Parts I-IV"* (1983). *Theatre Journal*, 249-252, maio, 1984.

AKALAITIS, Joanne. *"Southern Exposure."* In: "Some Versions of Performance Art." *Theatre Journal*, 36 (2) 173-181, 1984.

BECK Julien e MALINA, Judith. *"Frankesteins"* (1965). In: *The Living Theatre* (Pierre Biner). New York, Avon Book, 1972.
————. *"Paradise Now."* (1968). New York, Vintage Books, 1971.

BEUYS, Joseph. *"Coyote: I Like America and America Likes Me"* (1974). In: GOLDBERG, Rose Lee. *Performance: Live Art from 1909 to the Present.* London, Cox and Wyman Ltd., 1979, 96.

BREAD & Puppet Theatre. *"A Monument of Ishi".* *Theatre Quarterly*, V (19) 73-88, nov. 1975.

CAGE, John. *"Happening"* (Black Montain College) (1952). *Horizon*, 23 (12) 6, 1980.

CHONG, Ping. (The Fiji Company). *"Humboldt's Current".* In: "Some Versions of Performance Art. *Theatre Journal*, 36 (2) 165-175, 1984.

CROWLEY, Aleister. *"Rites of Eleusis"* (1910). *The Drama Review*, 22 (2) 3-26, 1978.

DE MARCY, Richard. *"Disparitions (Disappearances)".* *The Drama Review*, 25 (3) 93-104, 1980.

FINNERAN, Allan. *"A Wall in Venice/3."* *The Drama Review*, 25 (3) 95-106, 1978.

FOREMAN, Richard. (The Ontological-Histerical Theatre). *"Pandering on The Masses: A Misrepresentation".* In: M ARRANCA, Bonnie. *Theater of Images.* New York, Drama Book Specialists, 1977.
————. *"Book of Splendeurs".* *Theater*, Yale School of Drama, IX (2) 79-89, Spring, 1978.

GRAY, Spalding e LA COMPTE, Elizabeth. *"Rumstick Road".* *Performing Arts Journal*, III (2) 92.115, Fall, 1978.
————. *"Three Places in Rhode Island".* *The Drama Review*, 23 (1) 31-42, 1979.

1. O nome relacionado é o do artista ou grupo realizador da *performance*. O nome grifado e com aspas é o nome do trabalho. A primeira data é a data da *performance*, a segunda a data da fonte. De alguns trabalhos só temos uma documentação fragmentada, por isso não temos a indicação bibliográfica, mas iremos citá-los pela sua importância.

GURDJIEFF. "*Dervish Dance*" (1910). *The Drama Review*, 22 (2) 32-44, 1978.

LUDLAN, Charles. (The Theater of The Ridiculous). "*Lady Godiva*". In: BRECHT, Stefan. *Queer Theatre*. New York, Surkamp Verlag, 1978, pp. 28-55.

MABOU MINES. "*Dressed Like an Egg*". *Theater Magazine*, Yale School of Drama, 110-118, 1978.

———. "*Shaggy Dog.*" *The Drama Review*, 22 (3) 45-54, 1978.

MONK, Meredith. "*Quarry*" (1976). *The Drama Review*, 20 (3) 51-66, 1976.

———. "*Vessel*" (1971). *The Drama Review*, 20 (3) 51-66, 1976.

SHERMAN, Stuart. "*Hamlet*". *The Drama Review*, 23 (1) 69-78, 1979.

SMITH, Jack. "*The Horror of Sex*" (1975). In: BRECHT, Stefan. *Queer Theatre*. New York, Surkamp Verlag, 1978, pp. 157-177.

STEINER, Rudolf. "*The Portal of Iniciation*" (1910). *The Drama Review*, 22 (2) 70, 1978.

WARHOL, Andy. "*Andy Warhols Last Love*". In: SHANK, Theodore. *The American Alternative Theater*. New York, Grove Press Inc., 1982, pp. 182-189.

WILSON, Bob. *Ka Mountain, Guardenia Terrace*. New York (mimeog.), 1972.

———. *Life & Times of Joseph Stalin*. New York (mimeog.), 1973.

———. *Dia Log/A Mad Man a Mad Giant*. New York (mimeog.), 1974.

———. "*A Letter for Queen Victoria*" (1975. In: MARRAN CA, Bonnie. *Theater of Images*. New York, Drama Book, 1977, pp. 46-109.

———. *The $ Value of Man*" (1975). *Theater*, Yale School of Drama, 9 (2) 90-109, Spring, 1978.

———. "*I was sitting on my Patio this guy appeared I thought I was hallucinating*" (1977). *Drama Review*, 29 (4) 75-78, 1977.

———. *Video 50* (roteiro para video). New York, (mimeog.), 1978.

———. *Death Destruction of Detroit* (roteiro para video). New York, (mimeog.), 1981.

Artigos/ Textos/Poesias

THE CLASH. (Letras de Música). In: COON. Caroline. *The Punk-New Wave Rock Explosion*. London, Oms., 1982, pp. 61-91.

GINSBERG, Allen. "I saw the sunflower monkeys of the moon." In: KOSTEL, Richard. *Text-Sound Texts*. New York, Wil. Co., 1980.

KAPROW, Allan. "A Educação do A-Artista". *Revista Malasartes*, 3, pp. 34-36, 1976.

KEROUAC, Jack. "Sound Poetry". In: KOSTEL, Richard. *Text-Sound Texts*. New York, Wil. Co., 132-160, 1980.

KNOWLES, Cristophcr. "Sound Poetry". In: KOSTEL, Richard. *Text Sound Texts*. New York, Willian Co., 1980, pp. 240-242.

THE SEX PISTOLS. (Letras de Música). In: COON, Caroline, *The Punk-New Wave Rock Explosion*. London, Oms., 1982, pp. 47-60.

STEIN, Gertrude. "Many Many Women". In: KOSTEL, Richard. *Text Sound Texts*. New York, William Co., 1980, pp. 208-214.

Roteiro de pecos/Performances *assistidas*:

Evento: "14 *Noites de* Performance"
Promoção: Sesc Pompeia.
Local: Teatro do Sesc Pompeia/SP.
Data: de 12 a 25 de julho de 1982.
Participantes: Patrício Bisso, Arnaldo *& Go.*, Fausto & Thomas Brum ("Robôs Efêmeros"), Cândido Serra & A Gang, Cacia Autuori ("*Performance* Corporal"), Núcleo Música Nova ("Musicatalise"), Denise Stocklos ("*Show* de Mímica"), Leon Ferrari ("Concerto de Percantias"), Taller de Invest. Teatrales e Nina Moraes, Verdadeiros Artistas ("A Curva da Torments"), Gang 90 e Absurdettes, Ivaldo Bertazzo, Viajou sem Passaporte, Manhas *A* Manias, Teatro do Ornitorrinco (canta "Brecht e Weill"), Ivald Granatto ("O Pai da *Performance* Brasileira"), TVDO, Artur Matuck ("Leilão de Arte Não Internacional").

Evento: "*Ciclo Nacional de* Performance"
Promoção: FUNARTE.
Local: Sala Guiomar Novaes/SP.
Data: 03 a 05 de agosto de 1984.
Participantes: Ivald Granatto ("Top Secret"), Paulo Yutaka ("A Construção"), Artur Matuck ("Leilão de Arte Não Internacional"), Edgar Ribeiro ("O Pior Espetáculo da Terra"), Guto Lacaz ("Eletroperformance: Além da Realidade"), Paulo Bruscky ("Lógica Versus Acaso"), José Eduardo Garcia de Moraes ("Iludir o Mágico"), Eduardo Barreto ("acabou?"), Rogério Nazari/Carlos Wlacomirsky ("Entre a Baleia e o Tigre"), Luis Gil Finguerrnann (Gil do Extintor).

Evento: "*O Próximo Capitulo* – Performances *Ponkã*"
Promoção: Grupo Ponkã.
Local: Teatro Eugênio Kusnet.
Data: 19 de outubro a 18 de novembro de 1984.
Roteiro: Paulo Yutaka – direção: Seme Lutfi.
Participantes: Grupo Ponkã (Paulo Yutaka, Carlos Barreto, Ana Lúcia Cavalieri, Celso Saiki, Milton Tanaka, Graciela de Leonardos e Hector Gonzales) *Convidados*: J. C. Violla, Celina Fuji, Claudia Alencar, Mira Haar, Luiz Galizia, Ivald Granatto, Tato Ficher, José Celso Martinez Corrêa e outros. *Título das* Performances: "Kodomo no Koto", "RE-lações Afetivas", "Gólen", "Neo nazi", "Moreno Claro" etc.

174

Evento: "*Arte* Performance"
Promoção: Centro Cultural São Paulo.
Local: Sala Paulo Emílio Salles Gomes/Centro Cultural – SP.
Data: 05 a 11 de novembro de 1984.
Participantes: Artur Matuck, Emanuel Pimenta & Dante Pignatari, Hudinilson Jr. & Claudia Alencar, Andrés Guibert, Fernando Zarif, Osmar Dalio, Guto Lacaz e Rafic Jorge Farah.
Performances *fora de Festivais*
Plan K2
Local: Sesc Pompeia.
Data: março de 1982.

Otávio Donasci
"Vídeo Teatro"
Local: Galeria de Arte São Paulo.
Data: maio de 1982.

Aguillar e a Banda Performática
"A Noite do Apolicalipse Final"
Local: Centro Cultural São Paulo.
Data: 28 de abril de 1983.

Grupo de Arte Ponkã
"Tempestade em Copo D'Àgua"
Local: T.B.C.
Data: abril de 1983.

Ivald Granatto
"O Teatro que eu vi na Broadway"
Local: Carbono 14.
Data: 06 de maio de 1983.

Guto Lacaz
"Eletroperformance I"
Local: Ponderosa Bar.
Data: junho de 1983.

Fluxus
"Performances Diversas"
Local: 7.a Bienal de Artes de São Paulo.
Data: novembro de 1983.

2. O Plan K é um grupo belga que trabalha com a arte de *performance*. Nessa apresentação o grupo apresentou quadros inspirados em imagens de Boch e Magritte.

Valéria Kimachi & Didi Nascimento
"Zoique"
Local: Madame Satã
Data: 29 de novembro de 1986.

Harpias & Marcelo Mansfield & Julio Sarkany e outros
"Créme de la Créme"
Local: Madame Satã
Data: dezembro de 1986.

TEATRO NA DEBATES

O Sentido e a Máscara
Gerd A. Bornheim (D008)
A Tragédia Grega
Albin Lesky (D032)
Maiakóvski e o Teatro de Vanguarda
Angelo Maria Ripellino (D042)
O Teatro e sua Realidade
Bernard Dort (D127)
Semiologia do Teatro
J. Guinsburg, J. T. Coelho Netto e Reni C. Cardoso (orgs.) (D138)
Teatro Moderno
Anatol Rosenfeld (D153)
O Teatro Ontem e Hoje
Célia Berrettini (D166)
Oficina: Do Teatro ao Te-Ato
Armando Sérgio da Silva (D175)
O Mito e o Herói no Moderno Teatro Brasileiro
Anatol Rosenfeld (D179)
Natureza e Sentido da Improvisação Teatral
Sandra Chacra (D183)
Jogos Teatrais
Ingrid D. Koudela (D189)
Stanislávski e o Teatro de Arte de Moscou
J. Guinsburg (D192)
O Teatro Épico
Anatol Rosenfeld (D193)
Exercício Findo
Décio de Almeida Prado (D199)
O Teatro Brasileiro Moderno
Décio de Almeida Prado (D211)
Qorpo-Santo: Surrealismo ou Absurdo?
Eudinyr Fraga (D212)
Performance como Linguagem
Renato Cohen (D219)
Grupo Macunaíma: Carnavalização e Mito
David George (D230)
Bunraku: Um Teatro de Bonecos
Sakae M. Giroux e Tae Suzuki (D241)
No Reino da Desigualdade
Maria Lúcia de Souza B. Pupo (D244)
A Arte do Ator
Richard Boleslavski (D246)
Um Vôo Brechtiano
Ingrid D. Koudela (D248)

Prismas do Teatro
Anatol Rosenfeld (D256)
Teatro de Anchieta a Alencar
Décio de Almeida Prado (D261)
A Cena em Sombras
Leda Maria Martins (D267)
Texto e Jogo
Ingrid D. Koudela (D271)
O Drama Romântico Brasileiro
Décio de Almeida Prado (D273)
Para Trás e Para Frente
David Ball (D278)
Brecht na Pós-Modernidade
Ingrid D. Koudela (D281)
O Teatro É Necessário?
Denis Guénoun (D298)
O Teatro do Corpo Manifesto: Teatro Físico
Lúcia Romano (D301)
O Melodrama
Jean-Marie Thomasseau (D303)
Teatro com Meninos e Meninas de Rua
Marcia Pompeo Nogueira (D312)
O Pós-Dramático: Um conceito Operativo?
J. Guinsburg e Sílvia Fernandes (orgs.) (D314)
Contar Histórias com o Jogo Teatral
Alessandra Ancona de Faria (D323)
Teatro no Brasil
Ruggero Jacobbi (D327)
40 Questões Para um Papel
Jurij Alschitz (D328)
Teatro Brasileiro: Ideias de uma História
J. Guinsburg e Rosangela Patriota (D329)
Dramaturgia: A Construção da Personagem
Renata Pallottini (D330)
Caminhante, Não Há Caminho. Só Rastros
Ana Cristina Colla (D331)
Ensaios de Atuação
Renato Ferracini (D332)
A Vertical do Papel
Jurij Alschitz (D333)
Máscara e Personagem: O Judeu no Teatro Brasileiro
Maria Augusta de Toledo Bergerman (D334)
Teatro em Crise
Anatol Rosenfeld (D336)

COLEÇÃO DEBATES
(ÚLTIMOS LANÇAMENTOS)

317. *Falando de Idade Média*, Paul Zumthor.
318. *A Cidade do Século Vinte*, Bernardo Secchi.
319. *A Cidade do Século XIX*, Guido Zucconi.
320. *O Hedonista Virtuoso*, Giovanni Cutolo.
321. *Tradução, Ato Desmedido*, Boris Schnaiderman.
322. *Preconceito, Racismo e Política*, Anatol Rosenfeld.
323. *Contar Histórias com o Jogo Teatral*, Alessandra Ancona de Faria.
324. *Judaísmo, Reflexões e Vivências*, Anatol Rosenfeld.
325. *Dramaturgia de Televisão*, Renata Pallottini.
326. *Brecht e o Teatro Épico*, Anatol Rosenfeld.
327. *Teatro no Brasil*, Ruggero Jacobbi.
328. *40 Questões Para Um Papel*, Jurij Alschitz.
329. *Teatro Brasileiro: Ideias de uma História*, J. Guinsburg e Rosangela Patriota.
330. *Dramaturgia: A Construção da Personagem*, Renata Pallottini.
331. *Caminhante, Não Há Caminho. Só Rastros*, Ana Cristina Colla.
332. *Ensaios de Atuação*, Renato Ferracini.
333. *A Vertical do Papel*, Jurij Alschitz
334. *Máscara e Personagem: O Judeu no Teatro Brasileiro*, Maria Augusta de Toledo Bergerman
335. *Razão de Estado e Outros Estados da Razão*, Roberto Romano
336. *Teatro em Crise*, Anatol Rosenfeld
337. *A Tradução Como Manipulação*, Cyril Aslanov
339. *Teoria da Alteridade Jurídica*, Carlos Eduardo Nicolletti Camillo

Este livro foi impresso na cidade de Cotia,
nas oficinas da Meta Brasil,
para a Editora Perspectiva.